O CURRÍCULO EM ESCOLAS QUILOMBOLAS DO PARANÁ:
a possibilidade de um modo de ser, ver e dialogar com o mundo

ANTÔNIO FERREIRA

Antônio Ferreira

O CURRÍCULO EM ESCOLAS QUILOMBOLAS DO PARANÁ:
a possibilidade de um modo de ser, ver e dialogar com o mundo

EDITORA CRV
Curitiba - Brasil
2017

Copyright © da Editora CRV Ltda.
Editor-chefe: Railson Moura
Diagramação e Capa: Editora CRV
Revisão: O Autor

DADOS INTERNACIONAIS DE CATALOGAÇÃO NA PUBLICAÇÃO (CIP)
CATALOGAÇÃO NA FONTE

F345

Ferreira, Antônio.
O currículo em escolas quilombolas do Paraná: a possibilidade de um modo de ser, ver e dialogar com o mundo / Antônio Ferreira. – Curitiba: CRV, 2017.
188 p.

Bibliografia
ISBN 978-85-444-1884-0
DOI 10.24824/978854441884.0

1. Educação 2. Comunidades quilombolas 3. Currículo escolar 4. Debate teórico na atualidade

CDU 376.7　　　　　　　　　　　　　　　　　　　　　　　　CDD 370.11

Índice para catálogo sistemático
1. Educação no Paraná 370.918162

ESTA OBRA TAMBÉM ENCONTRA-SE DISPONÍVEL
EM FORMATO DIGITAL.
CONHEÇA E BAIXE NOSSO APLICATIVO!

2017
Foi feito o depósito legal conf. Lei 10.994 de 14/12/2004
Proibida a reprodução parcial ou total desta obra sem autorização da Editora CRV
Todos os direitos desta edição reservados pela: Editora CRV
Tel.: (41) 3039-6418 - E-mail: sac@editoracrv.com.br
Conheça os nossos lançamentos: **www.editoracrv.com.br**

Conselho Editorial:

Aldira Guimarães Duarte Domínguez (UNB)
Andréia da Silva Quintanilha Sousa (UNIR/UFRN)
Antônio Pereira Gaio Júnior (UFRRJ)
Carlos Alberto Vilar Estêvão (UMINHO – PT)
Carlos Federico Dominguez Avila (UNIEURO)
Carmen Tereza Velanga (UNIR)
Celso Conti (UFSCar)
Cesar Gerónimo Tello (Univer. Nacional Três de Febrero – Argentina)
Elione Maria Nogueira Diogenes (UFAL)
Élsio José Corá (UFFS)
Elizeu Clementino (UNEB)
Francisco Carlos Duarte (PUC-PR)
Gloria Fariñas León (Universidade de La Havana – Cuba)
Guillermo Arias Beatón (Universidade de La Havana – Cuba)
Jailson Alves dos Santos (UFRJ)
João Adalberto Campato Junior (UNESP)
Josania Portela (UFPI)
Leonel Severo Rocha (UNISINOS)
Lídia de Oliveira Xavier (UNIEURO)
Lourdes Helena da Silva (UFV)
Maria de Lourdes Pinto de Almeida (UNOESC)
Maria Lília Imbiriba Sousa Colares (UFOPA)
Maria Cristina dos Santos Bezerra (UFSCar)
Paulo Romualdo Hernandes (UNICAMP)
Rodrigo Pratte-Santos (UFES)
Sérgio Nunes de Jesus (IFRO)
Simone Rodrigues Pinto (UNB)
Solange Helena Ximenes-Rocha (UFOPA)
Sydione Santos (UEPG)
Tadeu Oliver Gonçalves (UFPA)
Tania Suely Azevedo Brasileiro (UFOPA)

Comitê Científico:

Ana Chrystina Venancio Mignot (UERJ)
Andréia N. Militão (UEMS)
Diosnel Centurion (Univ Americ. de Asunción – Py)
Cesar Gerónimo Tello (Universidad Nacional de Três de Febrero – Argentina)
Eliane Rose Maio (UEM)
Elizeu Clementino (UNEB)
Francisco Ari de Andrade (UFC)
Gláucia Maria dos Santos Jorge (UFOP)
Helder Buenos Aires de Carvalho (UFPI)
Ilma Passos A. Veiga (UNICEUB)
Inês Bragança (UERJ)
José de Ribamar Sousa Pereira (UCB)
Jussara Fraga Portugal (UNEB)
Kilwangy Kya Kapitango-a-Samba (Unemat)
Lourdes Helena da Silva (UFV)
Lucia Marisy Souza Ribeiro de Oliveira (UNIVASF)
Maria de Lourdes Pinto de Almeida (UNOESC)
Maria Eurácia Barreto de Andrade (UFRB)
Maria Lília Imbiriba Sousa Colares (UFOPA)
Mônica Pereira dos Santos (UFRJ)
Najela Tavares Ujiie (UTFPR)
Sérgio Nunes de Jesus (IFRO)
Sonia Maria Ferreira Koehler (UNISAL)
Suzana dos Santos Gomes (UFMG)
Vera Lucia Gaspar (UDESC)

Este livro foi avaliado e aprovado por pareceristas *ad hoc*.

SUMÁRIO

PREFÁCIO 9
Marilda Aparecida Behrens

INTRODUÇÃO 13

CAPÍTULO I
FORMAÇÃO E CARACTERIZAÇÃO DAS
COMUNIDADES QUILOMBOLAS JOÃO SURA E
ADELAIDE MARIA TRINDADE BATISTA 27

1.1 Formação e caracterização da comunidade
quilombola João Sura 27

1.2 Formação e caracterização da comunidade
quilombola Adelaide Maria da Trindade Batista –
Palmas Paraná 52

CAPÍTULO II
QUILOMBO E O DEBATE TEÓRICO NA ATUALIDADE 65

CAPÍTULO III
CURRÍCULO, CULTURA E IDENTIDADE 93

CAPÍTULO IV
SABERES TRADICIONAIS PRESENTES
NAS COMUNIDADES QUILOMBOLAS E O
CURRÍCULO ESCOLAR: possíveis conexões 119

4.1 A percepção das lideranças quilombolas sobre
a possibilidade do um currículo escolar conectado
aos distintos modos de ser e estar no mundo 121

4.2 A percepção dos professores sobre a
possibilidade de um currículo escolar conectado
aos distintos modos de ser e estar no mundo 146

CONSIDERAÇÕES FINAIS 169

REFERÊNCIAS 173

PREFÁCIO

A batalha pela luta contra as diferenças e os preconceitos acompanham o autor desta obra ao logo da vida acadêmica. O convite para prefaciar esta obra leva a lembrar a preocupação e a mobilização do autor para com a diversidade e a inclusão social. Esta vivência com o autor que tive o prazer de conviver como professora, levou a ler e perceber a brilhante contribuição desta obra, que foi desenvolvida a partir de suas pesquisas no doutorado, que podem auxiliar a formação de professores para a representativa temática.

A presente obra trata com relevância de temas que envolvem as relações entre o currículo escolar e as comunidades quilombolas. Engloba o esforço de valorizar e considerar a diversidade cultural, na qual, enfatiza a escolarização da população negra brasileira, bem como, considera o currículo e as questões educacionais pautadas pelos Movimentos Sociais Negros no Brasil.

A justa valorização da história e cultura negra na formação da sociedade brasileira precisa ser acolhida pelos meios educacionais, em especial, na formação de professores que necessitam conhecer os movimentos das comunidades remanescentes de quilombos existentes em todos os estados da Federação.

As comunidades quilombolas, surgiram no século XVII, em pequenos assentamentos rurais que se formavam espontaneamente e abrigavam negros foragidos das senzalas, mas também acolhiam índios e mestiços e, neste movimento, se tornaram uma fonte rica e pura da cultura negra no país.

As organizações sociais do campo e da cidade, dos movimentos negros, dos parlamentares e das pastorais da terra, tem bravamente se dedicado a fazer valer a Constituição Federal de 1988, que em seu artigo Art. 68, trata da Educação Quilombola. Tal legislação passou a garantir a propriedade dos moradores das comunidades dos quilombolas que, em grande parte, ainda lutam até a presente data, pela emissão dos títulos definitivos de suas terras.

Os Quilombos Contemporâneos podem ser caracterizados como comunidades negras rurais que agregam descendentes de africanos escravizados, que mantêm laços de parentesco e vivem, em sua maioria, de culturas de subsistência e plantam em terra doada ou ocupada secularmente pelo grupo. Estes grupos historicamente desfavorecidos precisam da efetivação das políticas afirmativas para modificar o contexto social vigente.

O autor afirma em seu relato que nesta última década, aumentaram as discussões sobre ações afirmativas, a partir das políticas inclusivas, em especial, as que geraram processos diferenciados de acesso de negros e de indígenas nas instituições de educação superior. Mas, o acesso ainda vem sendo concedido por meio de mobilização de concessão de cotas, que auxiliam, mas não garantem ao longo da história a legitima e necessária inserção por meio de uma escolarização adequada e qualificada das camadas populares.

Este livro instiga a reflexão dos professores sobre os conhecimentos para uma atuação efetiva em sala de aula, em especial, com a formação da cidadania, com respeito pelas diversas matrizes culturais, nas quais se constrói a identidade brasileira. Neste processo preocupa-se em valorizar as nossas origens e a nossa história, como condição de afirmação da nossa dignidade enquanto pessoas e de nossa herança cultural. Alerta em vários momentos, para a infinita diversidade que constitui a riqueza do ser humano, tais valores se revelam essenciais numa sociedade marcada, simultaneamente, por uma formação pluriétnica e pela inegável herança escravocrata.

A obra oferece uma significativa descrição da história de formação das comunidades quilombolas, das quais distingue as de João Sura e Maria Adelaide Trindade Batista. Para tanto, descreve as características naturais e geográficas e os aspectos socioeconômicos e culturais das comunidades.

Dentre as relevantes temáticas que envolvem o estudo apresenta a evolução semântica do termo quilombo e a ressemantização atual do conceito deste termo, bem como, estabelece um diálogo entre currículo, cultura e identidade.

Ao autor com pertinência analisa as relações estabelecidas entre os saberes tradicionais presentes nas comunidades quilombolas e os conhecimentos produzidos e veiculados pelo currículo escolar e alerta para as relações sociais e raciais que existem no interior das escolas quilombolas e seus desdobramentos no currículo escolar.

A educação é um instrumento privilegiado para formar cidadãos capazes de conhecer e compreender, para saber discernir e, se necessário, mudar a sociedade em que vivem. O alerta para a composição multicultural do povo brasileiro é condição essencial quando se tem por objetivo formar alunos e professores para o exercício da cidadania. Segundo o autor trata-se de educação que promova um convívio harmonioso entre os diferentes, não permitindo que os preconceitos se concretizem em discriminações, xenofobias, sexismos e racismos.

Este livro traz a contribuição dos estudos sobre a visibilidade das comunidades negras rurais que começaram a ganhar expressão a partir do reconhecimento legal dos quilombos no Brasil, tal fato, representa um marco histórico na visibilidade das diferenças étnicas e culturais da sociedade. Assim, recomenda que há necessidade de elaborar propostas educacionais que partam da visão de etnicidade e da cultura que podem abarcar o contexto e o texto territorial.

O autor apresenta relevante pesquisa junto aos professores que atuam na educação quilombola, em decorrência dos dados produzidos nos quais alerta que o currículo nas escolas quilombolas do Paraná, ainda sufocam a voz dos sujeitos quilombolas. Indica também que seus saberes tradicionais da escola e da comunidade carregam uma visão folclórica e que muitas ainda ignoram a dinâmica social das comunidades quilombolas.

A experiência da diversidade étnica e cultural, a exemplo dos quilombos, pode ser a grande missão da educação, em especial, nos processos de reconhecimento que ampliam o valor das leis que foram aprovadas e merecem urgente consolidação. As escolas, os professores e os educadores precisam ser desafiados e responsabilizados a buscar caminhos que levem a reconhecer e respeitar as múltiplas culturas que aparecem dentro dos muros da escola e que se entendem além deles.

A obra pode oferecer aos professores e a futuros profissionais da educação, fecundos conhecimentos sobre as Comunidades Remanescentes de Quilombos na atualidade e sobre a Educação nessas áreas.

Recomendo, com ênfase, a leitura deste livro, em especial, porque o autor preocupa-se em alertar aos leitores para a real necessidade de oferecer processos de formação docente inicial e continuada, que acolham a diversidade cultural presentes com expressão na escola brasileira, que atribuam valor ético e político ao processo educacional, para que se modifiquem não somente os currículos escolares, mas a postura da humanidade frente a necessária valorização da cultura escolar.

Dr.ª Marilda Aparecida Behrens

INTRODUÇÃO

A inspiração para desenvolver esta pesquisa de doutorado nasce a partir de dois momentos significativos em minha trajetória profissional/científica e pessoal que contribuíram no desejo de aprofundar o estudo sobre o currículo escolar. O primeiro momento foi no curso de Filosofia e Teologia, ainda que as possibilidades para discussões e questionamentos fossem restritas, pois, a organização curricular estava direcionada para carreira eclesiástica.

O segundo momento foi durante o curso de Pedagogia, quando o interesse pelo tema tornou-se mais intenso, pois estávamos vivendo uma atmosfera de transformações no cerne da educação básica, que demandava muitas discussões e reflexões. Tratava-se da aprovação da Lei de Diretrizes e Bases da Educação nacional Lei nº 9.394/96, que permeava o debate nas diversas disciplinas, sendo o currículo escolar objeto recorrente das discussões.

É importante destacar que essas inquietações sobre currículo escolar ganharam força e outras configurações na minha carreira profissional, seja como professor, diretor, pedagogo e ou técnico pedagógico na rede pública de ensino do Estado do Paraná. Também no exercício da docência no Curso de Pedagogia da Faculdade Estadual de Filosofia Ciências e Letras de Paranaguá, lecionando durante aproximadamente quatro anos a disciplina de Currículos e Programas. Essa experiência me conduziu a outras maneiras de observar o currículo, bem como o surgimento de novas indagações. Desse modo, constituíram-se novas possibilidades de conceber o currículo e suas distintas relações com o saber acadêmico e escolar, ou seja, desenvolvia-se a discussão em torno do currículo em outro patamar de reflexão.

O fato decisivo, que estimulou o pensar com mais dedicação e seriedade sobre o currículo, foi a criação do Grupo de Trabalho Clóvis Moura (GTCM) em 2005, no Paraná. Contudo, a entrada no campo de pesquisa só se deu em julho de 2012, pois até então só se possuíam relatos orais e registros em documentos elaborados tanto pelo GTCM, quanto pela Secretaria de Estado da Educação do Paraná sobre as comunidades quilombolas, sua organização social e a luta para que seus filhos tivessem acesso à escola.

O GTCM tinha como objetivo investigar e mapear a existência de Remanescentes de Quilombos e Comunidades Negras Tradicionais no estado, bem como diagnosticar a situação dessas Comunidades no que se refere aos aspectos socioeconômicos e culturais. O trabalho desempenhado pelo GTCM visava a contribuir na manutenção de seu modo de vida, de maneira que tivessem acesso a direitos assegurados constitucionalmente a todos os cidadãos brasileiros, como educação e saúde.

Dessa forma, tomou-se como desafio a elaboração de um projeto de doutorado, no intuito de investigar, analisar e compreender as relações entre o currículo escolar e as comunidades quilombolas. Antes disso, é preciso destacar que esta pesquisa se insere em um campo mais amplo de debates e reflexões acerca dos vários fatores que interferem direta ou indiretamente na escolarização da população negra brasileira. No que se refere ao currículo e as questões educacionais, as reivindicações pautadas pelos Movimentos Sociais Negros são históricas e sempre reiteradas.

Conforme Santos (2005), quando as entidades negras perceberam que os preconceitos raciais existentes na sociedade se reproduziam também no sistema de ensino, passou a reivindicar, junto ao Estado, a valorização da história e cultura negra na formação da sociedade brasileira. Uma questão de justiça e reparação social, uma vez que a população negra foi inscrita no currículo escolar "não como o humano negro, mas sim como objeto do escravo, como se ele não tivesse um passado ou não tivesse participado de outras relações sociais que não fossem a da escravidão" (SANTOS, 2005, p. 75).

É válido lembrar como data emblemática e significativa na agenda de reivindicações dos movimentos sociais negros, o I Congresso do Negro Brasileiro, promovido pelo Teatro Experimental do Negro (TEN) em 1950, na cidade do Rio de Janeiro. Dentre as principais recomendações retiradas desse Congresso, destaca-se o estímulo acerca do estudo das reminiscências africanas no Brasil, bem como a criação de institutos de pesquisas públicas e particulares que contribuíssem na desobstrução das dificuldades encontradas pela população na sociedade.

No período da ditadura militar entre 1964 e 1980, várias entidades dos movimentos sociais negros permaneceram firmes nos seus propósitos, ainda que sistematicamente perseguidas. Hasenbalg (1995, p. 360) destaca que "o período compreendido entre 1965 até o final da década de 1970, não foi dos mais propícios para pesquisar e escrever sobre relações raciais no Brasil". Conforme o autor, a temática racial passou a ser tratada pelo prisma da segurança nacional, portanto, vigiada. Também ocorreu uma escassez de dados técnicos, uma vez que a pergunta sobre a cor da população brasileira foi suprimida do Censo Demográfico de 1970.

Em 1986, foi realizada em Brasília a Convenção Nacional do Negro pela Constituinte, que reuniu entidades do movimento social negro dos vários estados da federação, com o propósito de elaborar uma pauta de reivindicações para ser incorporado ao texto da Constituição à época em elaboração. Concernente à educação, reivindicavam que o processo educacional se balizasse pelo respeito à diversidade cultural brasileira. Também exigiam a obrigatoriedade da inclusão nos currículos escolares da história da população negra brasileira.

Ainda nessa mesma direção de reivindicações dos movimentos sociais negros, ocorreu em 1995, também em Brasília, a Marcha Zumbi dos Palmares Contra o Racismo, Pela Cidadania e a Vida. Na ocasião, foi entregue ao então presidente da República Fernando Henrique Cardoso um documento, no qual, além de reiterar as denúncias de práticas veladas e explícitas de discriminação racial na sociedade brasileira, pautaram no campo educacional a criação de Programa de Superação do Racismo e da Desigualdade Racial. Também destacaram a necessidade de formação dos professores que os habilitasse para o trato adequado com a diversidade, bem como a identificar as práticas discriminatórias presentes na escola e o impacto destas na evasão e repetência das crianças negras (EXECUTIVA, 1996).

Em 1988, comemorou-se o Centenário da Abolição data significativa para população brasileira, sobretudo, a população afrodescendente. A comemoração também instigou a reflexão sobre as marcas da história deixadas na população negra, nos mais de 300 anos de escravização, e por coincidência as lembranças desse passado desumano, são simultâneas à promulgação da Constituição em 1988.

A Carta Magna de 1988, através do artigo 68 do Ato das Disposições Constitucionais Transitórias (ADCT), garante a titulação das terras ocupadas pelos remanescentes de quilombos. Com a ressignificação do conceito de quilombos inscrito nos dispositivos colonialistas e imperialistas, que, anteriormente, servia apenas para designar os agrupamentos de escravizados fugidos. Com a ressignificação, o quilombo adquire forças para conferir direitos a terra, ao território ancestral, possibilitando, como no dizer de Ravel (1989, p. 7), "através de várias aproximações, desenhar uma cartografia inédita na atualidade, reinventando novas figuras do social".

Em 2003, foi aprovada a Lei 10.639/03, que torna obrigatório o ensino da história e cultura afro-brasileira e africana nos currículos escolares. Esta pode ser entendida como uma conquista histórica das várias entidades do movimento social negro, mediante os esforços em prol da educação, dado que o currículo escolar sempre ressaltou a população negra relacionada às experiências de inferioridade e subalternidade. No entanto, não se pode ater os efeitos da Lei 10.639/03 aos espaços escolares, entretanto, é válido destacar que o pressuposto fundamental dessa Lei, é o reconhecer e compensar a total invisibilidade quando não estereotipia dos povos afro-brasileiros no currículo escolar (GOMES, 2008; SILVA, 2003; AMÂNCIO, 2008).

Ainda assim, existem diversas pesquisas realizadas sobre os preconceitos raciais que inundam o currículo escolar (livros didáticos e paradidáticos e outros materiais pedagógicos).

Rosemberg (1985) analisou 168 livros de literatura infanto-juvenil editados/reeditados entre 1955 e 1975, e revelou que os personagens são majoritariamente brancos, com características positivas, corretas e desejáveis. Em relação aos livros didáticos, Oliveira (2000) analisou o livro didático da disciplina de História; Cruz (2000) analisou os livros didáticos das disciplinas de Estudos Sociais; Silva (1987) pesquisou o livro didático de Comunicação e Expressão. Estas pesquisas, de maneira geral detectaram a invisibilidade da história e cultura afro-brasileira e africana, e quando, escassamente, aparece são carregadas de estereótipos e preconceitos.

Todavia, estudos e pesquisas que tratem com profundidade as relações entre famílias negras do meio rural e o espaço escolar, há um número reduzido de estudos. Tal constatação advém da procura por referências bibliográficas seja em livros, teses, dissertações ou periódicos, relativos à temática. Ferreira, (2014), efetuou um levantamento nos Bancos de Teses da CAPES, e constatou a existência de apenas quarenta trabalhos relacionadas à Educação Quilombola, sendo sete teses e trinta e três dissertações. Cabe destacar que, quinze pesquisas referem-se especificamente a educação escolar nas comunidades quilombolas e as demais se remetem às práticas, conhecimentos e saberes tradicionais dessas comunidades.

A partir dessa constatação, é possível destacar algumas pesquisas dedicadas especificamente ao estudo das Comunidades Quilombolas e suas relações com o currículo escolar. Até o momento existem diversos trabalhos, mas dentre eles pode-se destacar a tese de Suely Dulce Castilho intitulada "Cultura, famílias e educação na comunidade negra rural de Mata-Cavalo (MT)", defendida em 2008, na Pontifícia Universidade Católica de São Paulo. Porém, no que se refere a Educação escolar quilombola dentro do território quilombola, encontram-se a tese de Edimara Gonçalves Soares, intitulada "Educação Escolar Quilombola: quando a diferença é indiferente", defendida em 2012, na Universidade Federal do Paraná.

Diante do exposto, entende-se que o estudo das relações entre Comunidades Quilombolas e o currículo escolar é um campo emergente na pesquisa acadêmica, portanto, exige dos pesquisadores novas maneiras de olhar e interpretar os fenômenos sociais que permeiam essas realidades, e, sobretudo formular interrogações que permitam conceber as relações entre comunidades quilombolas e o currículo escolar. Como diz Albuquerque Jr. (2000, p. 119) sobre outras maneiras de construir o conhecimento, é preciso aprender a olhar para o "desenho de bordas, de limites, de fronteiras, que marca e demarca cada corpo, cada pensamento, cada prática, cada discurso".

A delimitação do objeto de estudo não foi uma tarefa fácil, dada as diversas possibilidades de investigação encontradas. Optou-se por escolher como objeto de análise desta tese, a relação entre o modo de vida de duas Comunidades Quilombolas e o currículo escolar. Entende-se que os saberes e experiências históricas e socioculturais das comunidades quilombolas, podem e devem contribuir de maneira significativa para uma reorganização curricular que visibilize e afirme a dinâmica e a organização social dessas comunidades.

As comunidades quilombolas escolhidas foram Certificadas pela Fundação Cultural Palmares, sendo que a Comunidade Remanescente de Quilombo (CRQ) João Sura situa-se no espaço rural e a CRQ Maria Adelaide Trindade Batista, no espaço urbano. A opção por essas CRQs deve-se ao fato de que são as únicas, no Paraná, que possuem estabelecimento de ensino dentro de seus limites territoriais, denominados de escolas/colégios quilombolas.

A hipótese que se examina aqui é a de que o currículo nessas escolas quilombolas do Paraná sufoca a voz dos sujeitos quilombolas, torna folclóricos seus saberes tradicionais, ignora a dinâmica social destas comunidades.

Nesta hipótese, a opção teórica sobre currículo filia-se à perspectiva crítica, guiada por questões de cunho sociológico, histórico, político e epistemológico. Trata-se de investigar como os saberes quilombolas, suas histórias, culturas, em suma, como suas relações sociais de organização e produção compõem a organização do currículo escolar, não sem considerar o currículo como um "território em disputa" (ARROYO, 2011), mas como um artefato produzido pela humanidade, portanto, histórico, cultural e social (MOREIRA; SILVA, 2003; VASCONCELLOS, 2009).

O problema que impulsionou o desenvolvimento desta pesquisa foi perceber que somos o país da diversidade étnica/cultural, entretanto, existe uma parcela da população brasileira, cuja realidade social ainda é, em parte, historicamente invisível aos olhos dos gestores públicos, bem como da academia. Trata-se das comunidades remanescentes de quilombos. Nas duas últimas décadas, as populações quilombolas trazem à tona questões tensas e polêmicas para serem resolvidas pela sociedade.

Essas questões estão atreladas à batalha pela garantia e permanência da vida em seus territórios ancestrais, o uso sustentável dos recursos naturais, pela manutenção e reconhecimento de suas memórias, história e culturas. Esta problemática demanda a construção de um currículo escolar que conheça e reconheça seu modo de vida, e contribua no sentido afirmativo da identidade e cultura quilombola, pois, os currículos construídos nos gabinetes não são significativos para as comunidades.

Nessa perspectiva, o objetivo central desta tese é investigar de que maneira a escola traduz as concepções de mundo das comunidades quilombolas para o currículo escolar. Em suma, trata-se de mostrar a riqueza e a diversidade dos saberes tradicionais das comunidades negras quilombolas e verificar como esses saberes são legitimados pelo currículo destas escolas. A partir disso, a pesquisa busca responder as seguintes indagações: de que maneira os saberes tradicionais quilombolas compõem no currículo escolar? Quais saberes são produzidos pelo currículo escolar sobre as populações negras e/ou quilombolas? Quais mecanismos dificultam/entravam/barram a entrada/incorporação dos saberes oriundos das várias dimensões da vida social, histórica, cultural das comunidades quilombolas? Em suma, supondo-se a riqueza e diversidade dos saberes tradicionais destas comunidades negras trata-se de verificar em que medida e como esses saberes são legitimados pelo currículo das suas escolas.

A presente pesquisa tem como objetivos específicos: a) ampliar o quadro teórico relativo ao currículo escolar e suas relações com as comunidades quilombolas; b) compreender o modo de vida que caracteriza estas comunidades; c) examinar como o currículo formal funciona nestas escolas; d) identificar as representações e significados que estas comunidades atribuem à sua escola; e) verificar quais são as expectativas destas comunidades em relação à sua escola no que tange aos conhecimentos que ali são ensinados.

Para atingir os objetivos propostos na presente pesquisa, optou-se por percorrer o caminho metodológico fundamentado na pesquisa etnográfica de cunho qualitativo.

Além disso, para que se possa atingir os objetivos propostos, fez-se necessário o desenvolvimento da pesquisa empírica, pois acredita-se que apenas assim se podia dispor de elementos significativos para uma profícua compreensão do fenômeno em estudo.

No que tange ao percurso metodológico a pesquisa contou com três etapas investigativas fundamentais para focalizar a atenção do pesquisador acerca do problema definido, quais sejam: documental, bibliográfica e de campo. Isto não significa que tenham sido realizadas de maneira sequencial e estratificadas, mas sim, de maneira simultânea, dado que o objeto de estudo se revela em sua totalidade e complexidade, exigindo do pesquisador um olhar atento e sistemático.

A primeira etapa de natureza documental buscou identificar e analisar a produção de materiais pedagógicos voltados para a reestruturação curricular nas escolas quilombolas, elaborados pela Secretaria de Estado da Educação do Paraná.

Conforme Richardson (1999), a pesquisa documental significa uma série de operações com o propósito de estudar e analisar um ou vários documentos para se descobrir as circunstâncias sociais e econômicas com as quais podem estar relacionados. De acordo com o autor, o método mais conhecido de análise documental é o método histórico, permitindo assim a investigação dos fatos sociais e suas relações com o tempo sócio-cultural-cronológico.

A pesquisa documental realizada possibilitou a leitura e reflexão pelo prisma institucional acerca da implementação de um currículo escolar que incluísse as especificidades das comunidades quilombolas.

A segunda etapa realizada foi de natureza bibliográfica com objetivo de apresentar as referências teóricas, epistemológicas e conceituais de modo que permitissem formar a base de fundamentação e sustentação da presente Tese. Realizaram-se leituras pertinentes à temática em periódicos, teses, dissertações e sites institucionais.

A terceira etapa do presente estudo refere-se à pesquisa de campo desenvolvida junto às comunidades quilombolas – João Sura e Maria Adelaide Trindade Batista – e as escolas quilombolas-Diogo Ramos e Maria Joana Ferreira.

A opção metodológica para a confecção da presente Tese está fundamentada na concepção da metodologia etnográfica, a razão desta escolha advém da necessidade do pesquisador buscar estudar e entender a cultura, os valores e as práticas presentes nos referidos CRQs, a fim de que o trabalho descritivo e analítico possibilitasse identificar as causas que provocam o ocultamento dos saberes quilombolas no currículo escolar.

A etnografia é um método de pesquisa oriundo da Antropologia Social, cujo significado etimológico é de: "descrição cultural", mediante estudo "in loco" dos fenômenos que ocorrem em uma determinada realidade. Através da observação, os antropólogos buscaram entender as relações sócio-culturais, na perspectiva de compreender as diferenças a partir do olhar das pessoas que vivem naquela realidade e redigir a cultura e o modelo organizacional das comunidades/sociedades que ainda não usufruíam de registro escrita, entretanto, no entendimento dos antropólogos não eram povos desprovidos de cultura.

A inserção, por longo período no campo de pesquisa, advém da necessidade do pesquisador compreender, investigar e decodificar aqueles saberes não ditos, incorporados, inscritos nos corpos que não se deixam captar em uma única entrevista. No entanto, esses saberes podem ser identificados pela observação sistemática, como, por exemplo, se as características são marcantes no cotidiano quilombola ou como é a interação social entre os quilombolas e a escola.

Destaca-se que na área da educação, a pesquisa etnográfica começou a ser utilizada a partir da década de 1970 (EZPELETA; ROCKWELL, 1986; BOGDAN; BIKLEN, 1994; ANDRÉ, 1995, GARCIA, 2001). Cabe destacar ainda que, a pesquisa etnográfica nos propicia maiores condições para um contato direto com a realidade escolar, o que desperta a possibilidade de ampliar os conhecimentos no que tange aos processos que ali se desenvolvem, descortinando fenômenos até então escondidos/invisíveis.

A visibilidade de fenômenos, até então não apreendidos por outros métodos de pesquisa, são a partir do método etnográfico, investigados de modo profícuo, pois, possibilita a entrada em uma realidade local e nela permanecer por um longo tempo, captando as distintas formas de conhecimento ali produzidas.

As observações nas escolas quilombolas ocorreram no período do ano letivo oficial, compreendido entre março e novembro de 2012. Não há uma duração de tempo fixa que estabelece um estudo etnográfico, conforme Romanelli e Garcia (2008), a definição do momento em que a pesquisa de campo deve ser encerrada só se dá quando o pesquisador perceber que já possui um arcabouço de categorias que lhe subsidiem para as análises a serem elaboradas, as quais constituem um modo de explicar alguns fenômenos da realidade em estudo.

Assim, compartilha-se do entendimento de Rockwell (1987), ao declarar que o pesquisador deve terminar a pesquisa de campo quando considerar que já coletou informações suficientes para a análise proposta e que, além disto, já começa a prever o que seria visualizado em campo, isto quer dizer que, está altamente familiarizado com os padrões que se repetem e que já consegue prevê-los antecipadamente.

No método etnográfico, vale destacar, que ele se concentra em grupos e culturas humanas, portanto refere-se à análise descritiva das sociedades, principalmente, as tradicionais e de pequena escala. A etnografia é uma metodologia qualitativa de pesquisa que teve sua origem na antropologia cultural.

A este respeito Pfaff (2010) descreve que:

> [...] a etnografia como um estilo de investigação remonta a uma época em que a Antropologia, a Sociologia ou a Educação ainda não se haviam estabelecido como disciplinas cientificas. [...] já no início da colonização, quando as culturas recém-descobertas [...] demonstraram que as culturas conhecidas não representavam a única forma de vida social existente (PFAFF, 2010, p. 254).

Nesse sentido e levando-se em consideração que todos os aspectos da concepção humana são culturalmente construídos, conforme explicitado em Bogdan e Biklen (1994, p. 60), a etnografia se "refere ao estudo do modo como os indivíduos constroem e compreendem as suas vidas cotidianas." Geertz (1989, p. 38) considera a etnografia como "descrição minuciosa na esperança de tornar cientificamente eloquentes as simples ocorrências". Depreende-se então, que o exercício prático de etnografia no campo da pesquisa está longe de ser resumido apenas no estabelecimento de relações.

No tocante à abordagem da pesquisa, elegeu-se a abordagem qualitativa, pois se entende que esta permite maior âmbito do fenômeno que se pretende analisar, no entanto, há que se destacar que não existe nenhuma intenção, suscitar qualquer tipo de relação hierárquica entre pesquisa qualitativa e pesquisa quantitativa, pois como dizer de Cunha (2001, p. 100), "os termos qualidade e quantidade não são excludentes, mas podem ser duas dimensões de análise de uma mesma realidade".

Neste sentido, cabe destacar que de acordo com Severino (2007, p. 119-121) a pesquisa qualitativa "não está se referindo a uma modalidade de metodologia em particular. Daí ser preferível falar em abordagem qualitativa", tais fatos provêm da possibilidade das diferentes metodologias de pesquisa que podem adotar a abordagem qualitativa. Isto nos permite compreender que as referências estão mais nos seus fundamentos epistemológicos do que nas especificidades metodológicas.

Dessa forma, Chizzotti (2006) corrobora Severino (2007), ao afirmar que a pesquisa qualitativa abriga uma combinação de tendências que, se podem ser designadas pelas teorias que as fundamentam e, podem ainda ser indicadas pelo tipo de pesquisa como etnográfica, participação etc. Diante disso e por se tratar de um estudo que envolve a obtenção de dados sobre pessoas, e também devido ao contato direto do pesquisador com a situação estudada justifica-se a opção por uma metodologia de pesquisa qualitativa. Pois de acordo com Lüdke e André (1986, p. 11), pode-se destacar algumas configurações básicas quanto ao termo metodologia da pesquisa qualitativa considerando que:

> [...] pesquisa qualitativa tem o ambiente natural como sua fonte de dados do pesquisador como seu principal instrumento; os dados coletados são predominantemente descritivos; a preocupação com o processo é muito maior do que com o produto; o significado que as pessoas dão às coisas e à sua vida são focos de atenção especial do pesquisador; a análise dos dados tende a seguir um processo indutivo, sem a preocupação de comprovar hipóteses formuladas a priori. (LÜDKE; ANDRÉ, 1986, p. 11).

Desse modo, pode-se dizer que seu principal objetivo é compreender os fenômenos de investigação segundo a perspectiva dos participantes da pesquisa de campo e do próprio significado que eles conferem às coisas. Como instrumento de pesquisa utilizou-se no processo de coleta de dados: análise documental (Projeto Político Pedagógico dos Estabelecimentos em tela; diretrizes curriculares da Secretaria de Estado da Educação do Paraná; Regimento escolar; Atas; Resoluções do Conselho Estadual de Educação do Paraná; caderno de observação e entrevistas).

Na introdução, buscou-se descrever como ocorreu a aproximação com o tema, os caminhos metodológicos utilizados para organização e elaboração deste estudo. Entende-se que a organicidade da desta produção esta imbricada na articulação entre a bibliografia, os dados de campo e documentais. Ainda, elucida-se os procedimentos para coleta dos dados, tais como: as primeiras percepções do campo de pesquisa; abordagem teórica metodológica; o método; as técnicas de coleta dos dados e o universo da pesquisa. Trata-se, como no dizer de Malinowski (1978), de mostrar que os dados e os fatos que compõem o quadro analítico da pesquisa são concretos.

No primeiro capítulo, descreve-se a história de formação das comunidades quilombolas João Sura e Maria Adelaide Trindade Batista, as características naturais e geográficas e os aspectos socioeconômicos e culturais. O objetivo é contextualizar o lugar onde estão situadas as escolas quilombolas, identificar sua consonância com o currículo escolar, bem como com a educação escolar quilombola, recente modalidade da política de educação básica brasileira.

No segundo capítulo, apresenta-se a evolução semântica do termo quilombo e a ressemantização atual do conceito deste termo.

No terceiro capítulo, busca-se estabelecer um diálogo entre currículo, cultura e identidade. A intenção aqui consiste em demonstrar como ocorre a manutenção dos processos simbólicos, culturais e históricos e suas relações com o currículo escolar. Esse capítulo ilustra ainda a articulação entre o curriculo escolar, as especificidades quilombolas e as expectativas destas comunidades na educação escolar.

No quarto capítulo, busca-se analisar as relações estabelecidas entre os saberes tradicionais presentes nas comunidades quilombolas e os conhecimentos produzidos e veiculados pelo currículo escolar. Pretende-se comprovar como são estabelecidas as relações sociais e raciais no interior das escolas quilombolas e seus desdobramentos no currículo escolar.

CAPÍTULO I
FORMAÇÃO E CARACTERIZAÇÃO DAS COMUNIDADES QUILOMBOLAS JOÃO SURA E ADELAIDE MARIA TRINDADE BATISTA

Inicialmente, apresenta-se a formação histórica e caracterização da Comunidade Quilombola João Sura, localizada no município de Adrianópolis/PR, na região do vale do Ribeira.

Em seguida, registra-se a historicidade referente à Comunidade Quilombola Maria Adelaide Trindade Batista, localizada no município de Palmas, situado no sudoeste do Paraná.

1.1 Formação e caracterização da comunidade quilombola João Sura

Após percorrer aproximadamente 58 km de estada de chão, marcada por curvas, desníveis (buracos) e muita pedra no caminho, margeando os Rios Ribeira e Pardo, em meio a fazendas de criação de gado e plantações de pinus e eucaliptos, avistou-se uma placa identificando a sede do Quilombo João Sura. Lugar este, que guarda uma memória histórica de mais de duzentos anos.

Imagem 1 – Comunidade Quilombola de João Sura 199 anos de história

Fonte: arquivo ass. dos moradores de João Sura em 2012.

A memória coletiva da Comunidade Remanescente de Quilombo João Sura remete ao período da mineração na região. O nome da Comunidade, segundo relato dos moradores, faz alusão ao um minerador conhecido na região por João Sura, que se afogou em uma das "cachoeiras" (corredeiras) do Rio Pardo, e que deixou uma mochila cheia de ouro no local do acidente. Segundo Fernandes (2007, p. 22), a memória coletiva de João Sura "revela que a constituição dos saberes desta comunidade compartilha uma matriz histórica que conecta colonização e mineração".

Em 2007, o Grupo de Trabalho Clóvis Moura descerrou a cortina que praticamente, invisibilizava conhecer todas as comunidades negras presentes no Paraná, seja pelos aspectos geográficos em diferentes pontos do Estado de difícil acesso, ou seja, pela inexistência de políticas públicas voltadas a todos os paranaenses. Foi mediante o trabalho desse Grupo que tornou possível romper com o silêncio imposto às populações negras do Paraná e passou-se a identificar instrumentos que comprovavam e ainda comprovam a veracidade do passado histórico da comunidade. A bateia, instrumento de mineração presente na Comunidade Quilombola João Sura atesta o vínculo histórico desta comunidade com o contexto da mineração na região. A fotógrafa Socorro de Araújo, membro do Grupo de Trabalho Clóvis Moura, fez registro desse instrumento.

Imagem 2 – Bateia: Instrumento utilizado na Mineração

Fonte: Socorro Araújo/GT Clóvis Moura, 2007.

A formação histórica e organização sócio espacial da Comunidade Quilombola João Sura situa-se na implantação do Sistema Colonial no Brasil e na América Latina, dado ao vínculo com uma das atividades econômicas mais cobiçadas pelos colonizadores europeus o ouro. A origem da presença negra na região do vale do rio Ribeira conecta-se à mineração e à colonização/escravização. Anterior, ao descobrimento das jazidas auríferas em Minas Gerais no século XVlll, a extração aurífera foi a atividade predominantemente desenvolvida pelo empreendimento colonial na região do vale do Ribeira.

Segundo as análises históricas de Fernandes (2007), a partir da segunda metade do século XVIII, as atividades mineradoras no Vale do Ribeira perderam impulso. Dessa forma, passou a predominar o cultivo do arroz e de cana-de-açúcar em toda a região do Ribeira, todavia, há uma diversificação na economia regional paralela ao crescimento da população negra (escravizada, liberta e fugida). O fortalecimento das vias de comunicação que integravam o Caminho das Tropas e os cursos dos rios Ribeira e Pardo, possibilitaram a inserção das famílias negras na economia do Vale do Ribeira.

A Comunidade Quilombola João Sura está localizada nas margens do Rio Pardo, que divide os estados do Paraná e de São Paulo. A referida comunidade é formada por três núcleos, sendo: João Sura (sede), onde se localiza a escola, posto de saúde e a igreja; Poço Grande (mais ao norte do Rio Pardo) e Guaracuí (a sudeste da sede).

Imagem 3 – Rio Pardo onde está localizado o centro do quilombo João Sura

Fonte: Autor em 2012.

Os primeiros registros sobre a ocupação do Vale do Ribeira datam de 1531, com Martin Afonso de Souza. O roteiro traçado por Martin Afonso de Souza tem início no Rio de Janeiro, e seu primeiro ponto de ancoragem foi em frente à ilha de Cananéia. Mais tarde, Cananeia e Iguape, serviram como portos para escoamento do ouro extraído da Serra de Paranapiacaba e base de controle da navegação na região. Cananéia, vila dos Tupis, foi colonizada por portugueses que se dedicavam à produção de gêneros alimentícios. Já Iguape, foi fundada por espanhóis em 1537 e situava-se em terras dos índios tupiniquins, por onde passavam as embarcações que se dirigiam ao continente. (cf. BUENO, 1999).

A região do Vale do Ribeira teve seu ápice econômico na mineração no século XVII, com destaque para Iguape. No século XVIII, houve uma relativa estagnação, porém a atividade continuou com mineradores paulistas no Alto Ribeira, na cidade de Apiaí. O ouro de aluvião encontrado desempenhou importante papel no processo de ocupação da região, principalmente pelas famílias negras. A configuração geográfica da região, com suas serras e vales encaixados e entrecortados por rios sinuosos, dificultava seu acesso e a tornava espaço propício para a territorialização de escravizados fugidos ou libertos. A partir da análise de documentos do século XIX, é possível constatar a preocupação das autoridades locais com a fuga e refúgio de escravizados na região do Rio Pardo. Em ofício enviado, ao Subdelegado de Polícia de Iporanga ao presidente da Província em 28 de setembro de 1863, conta-se o seguinte:

> Por informações dadas por alguns moradores do Rio Pardo do Districto desta freguesia que, nos sertões de mesmo rio distante d'esta vinte e cinco léguas mais ou menos, sertões que divisam com o da Província do Paraná, se achão aquilombados alguns escravos fugidos do Norte desta Província e de necessidade destruí-los pois que do contrario torna-se mais perigoso e graves prejuízos, consta mais que para ali tem se dirigido alguns criminosos que talvez estejão reunidos, e como esta subdelegacia querendo ver se pode

bate-los e não podendo o fazer algum dispêndio não so pela distância como pelo perigo da viagem do Rio por ser caudaloso (Ofícios Diversos – Ordem 1339, Lata 544/ Arquivo Público de São Paulo. Ofício do Subdelegado da Polícia de Iporanga ao presidente da Província) Fonte Extraída de STUCCHI (1998, p. 98-99).

Sobre a territorialização negra no Alto e Médio Vale do Ribeira e seus afluentes, Fernandes (2007) destaca que as famílias negras escravizadas e libertas vinham das fazendas das minas localizadas em Apiaí e Eldorado e principalmente em Iporanga, todas localizadas em São Paulo. Nas proximidades da Comunidade Quilombola João Sura formaram-se vários núcleos populacionais, essencialmente agrícolas, como Cangume, Praia Grande, Porto Velho e São João.

A mineração ensejava possibilidades para libertação dos escravizados, visto que alguns garimpavam de forma clandestina e "escondiam o produto de seu trabalho em garrafas e gomos de bambu, visando possivelmente a compra de sua liberdade junto a seus senhores" (FIGUEREDO, 2001, p. 02). É válido ainda, destacar o domínio técnico dos escravizados na extração do ouro, conhecimento que geralmente é ocultado da história de formação do Brasil. O conhecimento especializado em mineração, metalurgia e agropecuária são fatores significativos da presença africana e afrodescendente na região do Vale do Ribeira (GENOVESE, 1976).

Sobre o ensino da história do Brasil e a relação com o conhecimento especializado dos africanos e sua importância para o desenvolvimento do nosso país nas diversas áreas produtivas, Cunha Júnior (2007) observa que,

> A forma pela qual é estudada a nossa formação histórica deixa muitíssimo a desejar quanto a descrição da complexidade dos trabalhos realizados pelos africanos nas produções agrícolas, da mineração, como também nas atividades urbanas e da construção religiosa, civil e militar. A mão-de-obra africana destaca-se em todos os campos da produção. O conhecimento africano foi fundamental e

indispensável para as diversas áreas da formação histórica brasileira. Nos campos da produção têxtil, da produção artística das igrejas, da construção civil e das minas, como na medicina e farmacologia foram terrenos de grande expressão do conhecimento africano. Para sociedade brasileira, devido à superficialidade e deficiência do ensino de história, ficamos com a sensação que os escravizados africanos não pensavam, não possuíam amplo leque de especializações e não criavam novidades ou trouxeram contribuições importantes para a vida e urbana brasileira (CUNHA JÚNIOR, 2007, p. 03).

A formação histórica da Comunidade Remanescente do Quilombo João Sura, como dito inicialmente, está vinculada à mineração e colonização/escravização, entretanto, a fuga associada à mineração clandestina permitiu a formação de uma comunidade autônoma, que se fortaleceu após a abolição em 1888. Conforme Carril (2001), os primeiros negros que chegaram ao Vale do Ribeira foram capturados na Guiné e Angola no século XVIII para o trabalho compulsório na mineração e no cultivo de arroz.

A partir da segunda metade do século XVIII, a mineração no Alto Vale do Rio Ribeira perdeu impulso, associa-se fato ao encerramento da casa de Fundição de Iguape. Dessa forma, há uma reorganização na cadeia produtiva e outros produtos são inseridos no circuito da economia regional, tanto para subsistência como para comercialização. Assim, o cultivo de feijão, milho, fumo, café, mandioca, cana-de-açúcar, e, sobretudo arroz conferiram maior dinamismo à economia local e regional. O arroz tornou-se o principal produto de comercialização escoado pelo porto de Iguape.

A dinâmica econômica da região do Vale do Ribeira, em específico a da Comunidade Quilombola de João Sura, vincula-se aos processos de expropriação de suas terras, fato que ocorreu de forma diferenciada em cada localidade. A partir da década de 1950, em João Sura, as transformações assumem uma proporção muito maior que culmina com o desequilíbrio nas relações sociais e produtivas, historicamente constituídas.

A mineradora Plumbum[1] se instalou no município de Adrianópolis em 1937, começou a funcionar efetivamente em 1945 e desenvolveu atividades metalúrgicas até 1995, sendo que em 1954 era a única mineradora responsável por todo minério de chumbo produzido no Brasil. Para os quilombolas de João Sura (bem como de outras comunidades quilombolas do Vale do Ribeira), a mineradora representava uma alternativa à migração para regiões distantes, pois poderiam permanecer próximos de seu território.

A relação entre a mineradora Plumbum, que exerceu suas atividades por 50 anos, e os mais de duzentos anos da existência da Comunidade Quilombola João Sura, é um exemplo imperioso para se refletir sobre o modelo único de educação e de desenvolvimento, que visa somente ao lucro sem considerar as dimensões da vida de todos os organismos vivos. O contraste da paisagem é visível, pois enquanto a Comunidade João Sura mantém por mais de dois séculos uma relação de sustentabilidade e respeito com a natureza; a mineradora Plumbum em cinquenta anos deixou herança danosa para a saúde das pessoas e ao meio ambiente, como também: grande quantidade de resíduos altamente tóxicos, patrimônio abandonado e poluição ambiental.

Quando a mineradora decretou falência e fechou as portas, os quilombolas não se viram numa situação de total desamparo e vulnerabilidade, pois a comunidade estava aberta para recebê-los. Aqui é valido destacar o sentido de comunidade defendido por (BAUMAN, 2003, p. 07-08) como "lugar aconchegante, confortável, [...], onde sempre haverá alguém para nos dar a mão em momentos de tristeza".

A mineradora Plumbum favoreceu a implantação de outra atividade econômica na região como a criação de gado. A partir da década de 50, com a abertura de estradas para escoar a produção de minérios, ocorreu um processo de valorização das terras do Vale do Ribeira, as extensas fazendas de gado começaram a alterar a organização local dos pequenos agrupamentos

---

1   Plumbum: mineradora e metalurgia fundada no interior de São Paulo na década de 1960.

familiares, cujo trabalho era coletivo e a terra de uso comum. Conforme Arruti (2007), a ação discriminatória desembocou nos processos de regularização fundiária de vários municípios e gerou um feroz mercado de terras, cujas consequências nefastas a população que, na época, não tinha condições de avaliar.

As transformações no modo de produzir sofridas pela Comunidade Quilombola João Sura são impostas por vários fatores, tais como: restrições de uso dos recursos naturais após a criação do Parque das Lauráceas, a atuação da indústria de "reflorestamento" de pinus e eucalipto, conjugada à degradação do solo e poluição das águas, projetos de construção de hidrelétricas, denúncias de grilagem de terras e atos de jagunçagem, entre outros.

Neste contexto, dentre a diversidade produtiva destaca-se a produção de rapaduras na Comunidade Quilombola João Sura, que ocupou posição de destaque, exercendo um papel fundamental na articulação econômica da Comunidade com a região. No entanto, com a escassez da cana-de-açúcar, esta atividade entrou em declínio na década de 1950.

A partir daí a produção de feijão, e, sobretudo do mamão passaram a garantir a renda dos moradores de João Sura até a década de 1970. Conforme Fernandes (2007), nesse período os efeitos e a pressão dos empreendimentos capitalistas na região são sentidos com mais intensidade pela Comunidade, visto que afetaram diretamente a reprodução física/cultural.

No final da década 1960, instalou-se no município de Apiaí a empresa Camargo Correia, que começou a fazer plantações utilizando vários defensivos agrícolas. Esse modelo de produção impôs consequências desastrosas para os agricultores que sobreviviam das lavouras em João Sura, como infestação de pragas até então inexistentes e o desequilíbrio ambiental na região. Dessa forma, a década de 1960 pode ser considerada um divisor de águas para a Comunidade Quilombola João Sura, no que se refere a produção dos cultivos de feijão e mamão (entre outros produtos), que garantiam a alimentação e renda dos quilombolas, isto é, o antes e o depois da instalação da empresa

Ainda na década de 1960, se intensifica a pressão exercida pelos fazendeiros em relação aos quilombolas de João Sura, avançou os cercados, soltando o gado nas terras quilombolas, um dos motivos determinantes para expropriação fundiária na região. Ainda na década de 1960, teve início o processo de demarcação de terra, seguido da abertura de um novo mercado de terras através de incentivos fiscais para implantação de espécies exóticas, como pinnus e eucalipto, ocupando praticamente toda região paranaense do Vale do Ribeira.

A memória coletiva dos quilombolas sobre os processos de titulação de suas terras demonstram a arbitrariedade dos órgãos estatais, sobretudo, a posição desprivilegiada da população negra quilombola no decorrer do processo. A expropriação foi tão grave que Fernandes chega a afirmar que talvez, nos duzentos anos de sua existência, João Sura nunca teve sua sobrevivência tão ameaçada como nas últimas décadas (FERNADES, 2007)[2].

Ainda segundo Fernandes (2007), a criação do Parque das Lauráceas na década de 1970, surge como alternativa para evitar a destruição das florestas nativas, visivelmente ameaçadas pela expansão da monocultura do eucalipto e pinnus e pelas pastagens. A paisagem foi drasticamente transformada e assumiu formas que relevam profundo contraste, visto que, por um lado a ação humana responsável por intenso impacto ambiental, como assoreamento dos rios, desmatamento, erosão, contaminação do solo e da água por defensivos agrícolas, e de outro, a ação humana revistada da legalidade que cria uma unidade de conservação ambiental de 27 mil hectares, a qual impede toda e qualquer atividade humana.

Sobre a legislação ambientação, Diegues (2000, p. 107-120) salienta que em muitos casos, ela é uma cópia de países industrializados, portanto, não condizente com a cultura e organização sócio/histórica de países em desenvolvimento. Se por um lado essas áreas de conservação tem impedido a

---

2   O registro das histórias, que compõem a memória coletiva dos quilombolas de João Surá, encontram-se nos seguintes documentos: Relatório Técnico de Identificação e Delimitação (RTID); Relatório do Instituto de Terras Cartografia e Geociências do Paraná (ITCG); Relatório do Grupo de Trabalho Clóvis Moura e Relatório do Projeto A Nova Cartografia Social, coordenado pelo Antropólogo e Professor Dr. Alfredo Wagner Berno de Almeida.

especulação imobiliária, por outro lado os moradores tradicionais deixam de realizar atividades habituais, como agricultura, o extrativismo e a pesca. Isso porque, apesar de residirem em seus territórios ancestrais por largo período de tempo e manterem relações históricas com esse território e, através de seu modo de vida, terem contribuído para a conservação ambiental, são consideradas "infratores".

O paradoxo reside no fato de que há dois séculos a comunidade quilombola João Sura utilizou os recursos naturais de maneira sustentável e equilibrada, aliás, a existência de ecossistemas preservados deve-se a presença e ao modo de vida dessas comunidades. Atualmente, no entanto essa mesma comunidade é impedida de ter acesso aos recursos naturais historicamente utilizados e mantidos para sua sobrevivência. De acordo com dados do Instituto Paranaense de Desenvolvimento e Estatística – IPARDES, a população local diminuiu consideravelmente entre os anos de 1970 e 2000, passando de 11.540 para 7.753 habitantes em Adrianópolis, o que representa o intenso êxodo rural, pois apenas 67% dos habitantes permaneceram no local (FERNANDES, 2007, p. 90).

De acordo com Salles (2010, p. 6), que analisou o processo de regularização fundiária, mercantilização e expropriação das comunidades quilombolas do Vale do Ribeira, em especial, de João Sura, os motivos para migração dos quilombolas envolveram: a) o péssimo estado de conservação das vias públicas que impedem a circulação, sobretudo de idosos e crianças, para escolas e serviços de saúde; b) os danos causados por animais de fazendeiros que eram soltos; c) o aumento da incidência de pragas agrícolas devido ao monocultivo de pinnus e a pecuária extensiva; e d) as ameaças de agressão física e os insultos dos fazendeiros.

Conforme o Serviço de Regularização de Territórios Quilombolas do INCRA, o Relatório Técnico de Identificação e Delimitação – RTID de João Sura, o segundo realizado no Estado (após o de Invernada Paiol de Telha), já foi concluído e recentemente publicado, em dezembro de 2010, no Diário Oficial da União. O relatório indicou que a área total a ser titulada será de 6449,165 hectares, sendo que 50,66% serão registradas como área de reserva ambiental, que incluem as áreas de reserva legal, como os morros, rios e sangas, somadas às Áreas de Preservação Permanente (APP), que apresentam uso regulado legalmente por resoluções do Conselho Nacional de Meio Ambiente – CONAMA, que embora restrinja a prática de agricultura, algumas atividades consideradas sustentáveis, como a instalação de caixas de abelha e a coleta de frutas nativas, foram regulamentadas legalmente.

Com o processo de reconhecimento como remanescente de quilombo, os moradores passaram a conviver com agentes externos, como membros de ONGs, representantes do governo, universitários, e ainda ampliaram o contato com outras comunidades que estavam em situação próxima a deles. Além disso, houve mudanças significativas no modo de vida local, como a constituição da Associação de Moradores, as novas relações de trabalho, as mudanças nas relações com os vizinhos e a valorização de saberes e práticas ancestrais que, como se poderá observar a seguir, constituíram estratégias para saírem da invisibilidade e poderem trazer à tona suas reivindicações.

Atualmente, a Comunidade Quilombola João Sura enfrenta o desafio de resistir à construção da Usina Hidrelétrica Tijuco Alto, pois, esse empreendimento trará um forte impacto para as comunidades locais, algumas poderão, forçadamente, deixar seu território ancestral. Conforme Costa (2007), o objetivo desse empreendimento é atender os interesses do mercado internacional, no entanto, inundará cerca de 52.800 hectares de terra na divisa de São Paulo (Ribeira) e Paraná (Adrianópolis). O empreendimento foi planejado pela Companhia Brasileira de Alumínio (CBA), uma das empresas do grupo Votorantim, e visa a aumentar a oferta de energia elétrica no seu complexo metalúrgico.

Em maio de 2013, a Secretaria Especial de Relações com a Comunidade, ligada à Secretaria de Governo do Paraná, convocou representantes da Fundação Cultural Palmares, Federação das Comunidades Quilombolas do Paraná, Movimentos dos Ameaçados por Barragens, entre outras, para uma audiência pública na Comunidade Quilombola de João Sura. A finalidade da audiência pública foi ouvir a voz dos membros das comunidades quilombolas da região, até então, excluídas de todas as audiências públicas oficiais realizadas durante o processo de licenciamento do empreendimento.

Neste contexto, é imperativa a reflexão do professor Milton Santos (1996, p. 77) no artigo intitulado "Cidadanias Mutiladas", sobre os significados de ser cidadão no Brasil e conhecer quem são os cidadãos brasileiros e o que os torna mais ou menos cidadãos? Indaga ainda se a classe média é cidadã nesse país, conclui indagando se os negros são cidadãos no Brasil. Segundo o autor, no Brasil a classe média goza de privilégios, não de direitos, e isso se torna fator impeditivo para que outros brasileiros tenham direitos. "E por isso que no Brasil quase não há cidadãos. Há os que não querem ser cidadãos, [...], e há os que não podem ser cidadãos, [...] a começar pelos negros [...]".

Para Santos (1996), as cidadanias são mutiladas, no trabalho, na moradia, na circulação, na educação, na saúde, no tratamento da polícia e no acesso à evolução técnica contemporânea, isso ocorre por preconceito impresso nas relações de indicação e de decisão pela aparência. No caso, específico da construção da Usina Hidrelétrica de Tijuco Alto, as comunidades quilombolas têm suas cidadanias mutiladas por um empreendimento inserido na racionalidade econômica do capitalismo global, que negligencia outras formas de vida umbilicalmente relacionadas à terra e à natureza.

Na concepção de Santos (1996, p. 78) o modelo cívico brasileiro é herança da escravidão, que "marcou o território, marcou os espíritos e marca ainda hoje as relações sociais deste país". A economia decide o que pode e o que não pode ser instalado do modelo cívico, nesse modelo econômico o que interessa é a competividade e principalmente, o lucro, "os recursos nacionais sendo utilizado, sobretudo a serviço das corporações, o resto é utilizado para o resto da sociedade". Da perspectiva econômica, os quilombos são tratados como "ser menos", isto porque na lógica perversa do capital o valor de cada pessoa, seja como produtora ou consumidora, é dado pelo lugar aonde ela se situa.

Neste sentido, a materialização de empreendimentos globais alheios a dinâmica de vida das comunidades quilombolas, também geram formas de resistências contrárias a racionalidade econômica dominante, portanto, concebida como uma irracionalidade. O uso diferenciado da terra e dos recursos naturais, da manutenção dos ritmos e danças de matrizes afros ou ressignificados, valorização da ancestralidade são maneiras de afirmar e defender uma racionalidade singular, que resiste às muitas investidas de aniquilação.

A relação histórica dos moradores de João Sura com o território, com as regras de uso e transmissão emerge, portanto, de relações contrárias à lógica econômica de mercado, uma vez que o uso comum da terra é o que tem permitido a manutenção da comunidade.

Imagem 4 – Mapa de Localização dos Quilombolas no Paraná

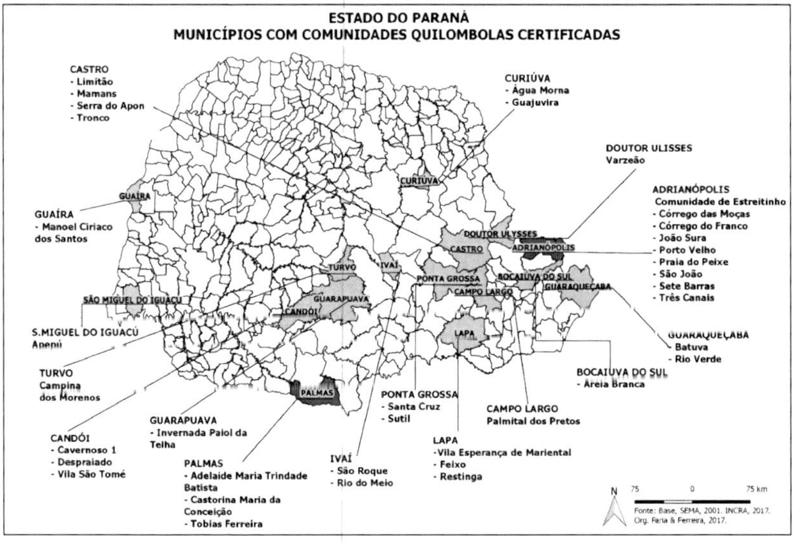

Fonte: ITCG/paraná 2007.

O município de Adrianópolis está situado no nordeste do estado do Paraná, na divisa com o estado de São Paulo, do qual é separado pelo rio Ribeira.

De acordo com o IBGE (2013), o município de Adrianópolis era originalmente conhecido como Epitácio Pessoa. Em 31 de março de 1938, o povoado foi elevado à categoria de distrito administrativo do município de Bocaiúva do Sul, com a denominação de Paranaí e, em 1960, foi desmembrado de Bocaiúva do Sul, recebendo a denominação atual resultante da importância do então dono da mineradora Plumbum, Adriano Seabra da Fonseca. Localiza-se no Nordeste do Estado do Paraná, na divisa com o Estado de São Paulo, compõem a região metropolitana de Curitiba (distante 133 km da Capital Paranaense).

O Paraná, até setembro de 2013, contava com 36 Comunidades Remanescentes de Quilombos certificadas pela Fundação Cultural Palmares. Em setembro de 2013, a Secretaria Especial de Relações com Comunidade/SERC, entregou o Certificado emitido pela Fundação Cultural Palmares à Comunidade Tobias Ferreira, no município de Palmas. Com isso, atualmente, o Paraná registra 37 Comunidades certificadas e reconhecidas como quilombolas.

Dos dezessete municípios com presença de comunidades quilombolas certificadas e reconhecidas, Adrianópolis é o município que abriga o maior número de comunidades quilombolas, totaliza 08 comunidades, sendo: João Sura, Porto Velho, Estreitinho, Córrego das Moças, Três Canais, São João, Córrego do Franco e Sete Barras.

Adrianópolis é um município eminentemente rural, pois o grau de urbanização geral está em torno de 23%. Dos 2.555 domicílios, 2011 situam-se na área rural e 544 na área urbana. A população economicamente ativa é de 2507 habitantes, sendo que cerca de 50% dela se ocupa da agricultura, pecuária, silvicultura, exploração florestal e pesca.

De acordo com o Instituto Socioambiental (2006), a região do Vale do Ribeira é conhecida por apresentar um dos menores **IDH (Índice de Desenvolvimento Humano)** do estado. Cabe aqui uma breve reflexão sobre as realidades a partir das quais os índices do IDH são produzidos, pois como tem base os indicadores educacionais, longevidade e renda da população. No que tange à educação, os índices desconsideram os saberes tradicionais das comunidades quilombolas, no entanto, em muitas comunidades tradicionais a educação não formal é o que garante a unidade grupal, e ela acontece pelas "estruturas sociais de transferência de saber de uma geração a outra, onde ainda não foi sequer criado a sombra de algum modelo de ensino formal e centralizado" (BRANDÃO, 2007, p. 13).

No que se refere à renda da população, a referência válida é aquela que indica o quanto foi produzido na lógica da economia de mercado, cujo resultado é a renda monetária, portanto, ignora outras formas de produzir não pautadas pelo lucro, pela produção em larga escala ou pela monocultura. Os índices são elaborados para quantificar e informar sobre as realidades do país onde reina o consumo exacerbado, a glorificação da técnica, o abandono da solidariedade, e a desigualdade social, enfim, em realidades onde a vida humana merece menos atenção do que o dinheiro. Assim, os dados socioeconômicos que retratam as regiões através de indicadores de renda, necessitam ser compreendidos a luz das singularidades regionais, pois, é preciso entender a complexidade que constitui o Brasil rural.

Conforme dados dos últimos quatro Censos Demográficos a população apresentou diminuição significativa, no entanto, os números revelam que esse decréscimo populacional ocorreu somente no espaço rural. Houve uma redução pela metade, no intervalo de 30 anos, enquanto a população praticamente duplicou. Contudo, a maior concentração populacional encontra-se no espaço rural, sendo 76, 98% do total populacional em 2000. Em 1970, havia 92,79% no campo. No que tange a etnia dos que habitam o campo, 54,48% são pretos e 41,79% são pardos.

Ainda, de acordo com dados do Instituto Paranaense de Desenvolvimento e Estatística – IPARDES, a população local diminuiu consideravelmente, entre os anos de 1970 e 2000, passando de 11.540 para 7.753 habitantes em Adrianópolis, o que representa o intenso êxodo rural, pois apenas 67% dos habitantes permaneceram no local (FERNANDES, 2007, p. 90).

Os **serviços de saneamento e infraestrutura** ofertados pelo poder público à Comunidade Quilombola João Sura apresenta-se bem aquém das necessidades da população local. Constatou-se que o transporte público é deficitário, quando existe, estradas são de chão batido e não são conservadas, não há rede de telefonia e a rede de saneamento básico inexiste.

O reconhecimento e certificação como Remanescente de Quilombo, ainda não garante acesso aos serviços públicos básicos, ao exercício da cidadania. A Comunidade Quilombola João Sura localiza-se a 60 km da sede do município de Adrianópolis, os moradores não dispõem de transporte público, o que representa uma afronta ao direto constitucional de ir e vir. O único meio de transporte é o ônibus escolar. Constatou-se que cerca de 30% da população ainda não possui sequer energia elétrica em suas casas.

Quanto ao **saneamento básico,** observou-se que a água consumida pela população não recebe tratamento convencional (cloração). O abastecimento de aproximadamente 50% dos moradores é realizado pela água de uma fonte situada a cerca de 1 km da sede. A fonte encontra-se protegida, isolada, entretanto, a bacia hidrográfica a qual pertence, encontra-se em processo de degradação ambiental, visto que nas proximidades do rio existe pastoreio de gado, erosão, assoreamento, e sobretudo contaminação pelos agrotóxicos utilizados nas plantações de pinnus.

No que tange ao tratamento de esgoto, verificou-se que não é realizada coleta de resíduos sólidos, sendo que a comunidade inventa tratamentos alternativos. Assim, os resíduos sólidos são armazenados, logo, queimados e enterrados. No caso do lixo orgânico, é utilizado na adubação e na complementação alimentar das criações animais, principalmente galinhas e porcos.

No que se refere à saúde, o município de Adrianópolis possui sete estabelecimentos de saúde, todos municipais. Na Comunidade Quilombola João Sura, há apenas um Posto de Saúde.

O Posto funciona num prédio construído na década de 1980 que permaneceu por muitas décadas sem ocupação. Voltou a ter função em 2011, em meio à falta de materiais e equipamentos de qualidade. A cada 15 dias, há atendimento médico para os moradores, a permanência do profissional no local é de 2h.

Outro posto de saúde mais próximo, localiza-se a 30 km de distância, no bairro de Porto Novo. Se o morador necessitar de um atendimento especializado, deverá percorrer grandes distâncias, até a sede de Adrianópolis. É comum ainda o deslocamento até o Hospital Angelina Caron, localizado no município de Campina Grande do Sul. Recorrem ainda aos hospitais da capital, Curitiba, mas enfrentam inúmeras questões burocráticas dos municípios, que dificultam o encaminhamento. Para fugir das questões burocráticas entre os municípios, buscam atendimento médico em Apiaí (São Paulo), principalmente as gestantes, que realizam o parto nesta cidade.

Uma Agente Comunitária de Saúde (ACS), jovem moradora da comunidade, é a única responsável pelo acompanhamento de saúde de todas as famílias, como também pelo agendamento das consultas médicas e a distribuição de medicamentos.

Ela é que mantém maior contato com aqueles que apresentam doenças e relata que a hipertensão arterial é a doença de maior incidência na comunidade, estando presente, sobretudo entre os homens adultos e mais velhos.

A anemia é a doença mais comum entre as mulheres adultas, e para combatê-la faz-se a administração de sulfato ferroso, mas com baixa aceitação por elas. Foram detectados também três casos de neurocisticercose, um caso de diabetes e um de Síndrome de Down.

Os usuários utilizam automedicação quando administram, sem indicação médica, a dipirona e anador em casos de dor, febre e mal-estar, e "Essência Minerva" para a dor-de-estômago e "de barriga".

Os quilombolas utilizam frequentemente ervas medicinais além dos ritos praticados a partir da ideia da "cura pela Fé", como o benzimento.

O atendimento médico para as crianças raramente é realizado, ocorrendo somente em casos extremos, porque as famílias preferem o uso de produtos caseiros ou fitoterápicos, ou os tratamentos convencionais, como o uso de chás e xaropes, para combater às verminoses com uso de hortelã, e/ou as gripes com a utilização de guaco. A verminose e gripe são consideradas as doenças mais comuns pela população.

Além disso, existe uma insatisfação dos moradores com relação ao atendimento à saúde que estão recebendo. Relatam que o tratamento recebido, muitas vezes, encontra-se desvinculado de suas realidades, visto que não respeita ou menospreza as suas práticas tradicionais.

A hipertensão arterial, o diabetes *mellitus* e a anemia falciforme são doenças geneticamente determinadas, acometendo com maior frequência as populações negras. Além destas, são verificadas alta incidência de anemia ferropriva e desnutrição, que somadas a outras doenças, podem ser consideradas enfermidades derivadas de condições socioeconômicas e educacionais desfavoráveis (MONTEIRO; SANSONE, 2004).

No que se refere ao **emprego e renda** na Comunidade João Sura, os moradores majoritariamente, garantem o seu sustento e de suas famílias por meio do exercício de atividades agrícolas de subsistência, da pecuária em pequena escala, do extrativismo, da caça e pesca. Paralelamente, realizam outras atividades na busca pela aquisição de renda, pois já não são mais autossuficientes na produção de alimentos como no passado, quando ainda não eram atingidos por conflitos externos. Dessa maneira, também vendem temporária ou permanentemente sua força de trabalho na plantação e corte de pinus, ou ainda, como "peões" efetivando atividades campesinas para os fazendeiros locais.

Novas modalidades de trabalho e estratégias de sobrevivência (subemprego, atividades mais desqualificadas na construção civil urbana, por exemplo) surgem quando eles são impedidos de dedicar-se exclusivamente ao cultivo da terra. De acordo com SILVEIRA (2006), os fatores impeditivos para manutenção da autossuficiência são: a) degradação do solo pelo cultivo exclusivo do pinus e do eucalipto; b) falta de assistência técnica que os oriente a implementar mudanças significativas de proteção ao solo; c) constante redução da área ocupada, algumas famílias se apertam em pequenos espaços, perdendo a área reservada para o cultivo da terra e a geração de alimentos para a própria subsistência.

Os idosos possuem o salário mínimo garantido através da aposentadoria rural, outras famílias estão incluídas em programas assistenciais do governo federal, como por exemplo, Bolsa Família. O dinheiro de modo geral, é gasto na aquisição de produtos que a terra não produz, como o sal, o óleo comestível, o querosene, também gastam com o transporte particular para cidade.

Algumas famílias, em menor escala, comercializam produtos "tradicionais", como a rapadura, a farinha de mandioca, o açúcar mascavo, e outros produtos manufaturados na forma de artesanatos, como as esteiras, os cestos, as peneiras, e/ou os utensílios de madeira.

Os jovens e adultos demonstram necessidade de emprego e demonstram desânimo em relação as perspectivas de futuro na comunidade, pois, almejam um trabalho remunerado. Nesse sentido, muitos jovens deixam a comunidade e vão para os centros urbanos em busca daquilo que eles entendem como melhores condições de vida. As ilusões e promessas da cidade, aliadas ao desejo de obter uma atividade remunerada, são fatores que contribuem para o esvaziamento de jovens na comunidade.

Algumas famílias, expropriadas de suas terras, hoje sobrevivem da utilização de glebas de terras em parceria com os proprietários (em sua maioria parentes próximos), ou prestando serviços a fazendeiros e empresários madeireiros como estratégia de sobrevivência.

Conforme eles, os madeireiros contratam sem garantia, sem vínculo empregatício, então, logo estão sem emprego. Além do desgaste físico também enfrentam o desgaste emocional, pois, pela sobrevivência se submetem a uma lógica de emprego contrária a aquilo em que eles acreditam e defendem, ou seja, a preservação ambiental. Tal qual os índios brasileiros, que cultivam (ou cultivaram), além da mandioca, que constitui a base da alimentação destes povos, o milho, o cará, a batata-doce, o amendoim, inúmeras palmeiras e árvores frutíferas, como também as plantas estimulantes: guaraná, erva-mate e cacau (FAJARDO, 1993), os habitantes da Comunidade João Sura cultivam quase todos os alimentos citados, exceto os estimulantes. Todos os demais produtos descritos acima fazem parte da alimentação dos quilombolas de João Sura.

Dos indígenas, além dos insumos e suas técnicas de cultivo, também herdaram os modos de fazer utensílios de barro e fibras naturais, como cestas, peneiras, gamelas, colheres e pratos. Estas técnicas são de domínio de todos, não só dos descendentes de indígenas. Elas foram compartilhadas com todos ao longo das gerações.

No que tange à **organização civil**, constatou-se duas formas de organização existentes na comunidade: a Associação de Moradores e o Grupo de Jovens.

A Associação de Moradores tem como presidente o Sr. Antônio Carlos Andrade Pereira, que representa a comunidade em eventos e na tomada de decisões. Entretanto, na prática, a maior parte os moradores não participam das reuniões, que ocorrem mensalmente.

Sobre a arquitetura das moradias, a maioria das casas são feitas de barro (taipa) ou madeira, e são poucas as que possuem eletrodomésticos. As residências são compostas em sua grande maioria de seis repartições, com suas paredes construídas de barro e o piso de chão batido. Estas acomodações são: dois quartos o do casal e o dos filhos localizados nas extremidades norte e sul da edificação, separados por um salão e um corredor que leva ao banheiro. À parte e aos fundos estão situados a cozinha, e um compartimento congênere utilizado como dispensa para acomodar alimentos e utensílios da cozinha, como panelas, caldeirões, baldes etc.

Conforme Theodoro (2006), a separação da cozinha dos demais cômodos da casa, deve-se ao fato de que a cozinha é um espaço especial, onde se lida diretamente com a morte, e o que é morto não entra em casa devendo, portanto passar antes por um processo de reelaboração. Há outra explicação para este fato, reside na manutenção dos demais cômodos da casa livres da fumaça gerada a partir da queima da lenha no fogão de barro.

Imagem 6 – Casa de Taipa, moradia dos quilombolas de Adrianópolis[3]

Fonte: Autor 2012.

Observou-se que na maioria das casas, o banheiro encontra-se separado da construção ou com a porta voltada para fora. Esta prática configura-se numa maneira de separar ambientes, de não misturar o que acompanha os excrementos: a "ideia de sujeira" à "ideia de limpeza" do lar.

A figura acima mostra o processo de construção de uma casa de taipa, evidenciando o trabalho coletivo. A casa da direita é uma das principais casas da Comunidade de Remanescentes do Quilombo João Sura.

A luta das populações quilombolas pelo direito de continuar ocupando e transmitindo às gerações vindouras o território conformado por diversas gerações de seus antepassados encontra barreiras desfavoráveis, pois sofrem o preconceito

---

3 A casa de taipa é uma técnica de construção a base de barro amassado até formar uma espécie de liga e lançado com as mãos de forma horizontal sobre um traçado de madeira para formar as paredes das residências.

historicamente traçado no que diz respeito às relações de poder. Em tal situação de desigualdade, passam a valorar positivamente seus traços culturais e suas relações coletivas como forma de ajustar-se às pressões sofridas, construindo sua relação com a terra, tornando-a um território impregnado de significações relacionadas à resistência cultural, salientando que não é qualquer terra, mas a terra na qual mantiveram alguma autonomia cultural, social e, consequentemente, a autoestima (SCHMITT; TURATTI; CARVALHO; 2002).

A existência de uma identidade social e étnica compartilhada por este grupo, bem como a antiguidade da ocupação de suas terras e, ainda, suas práticas de resistência na manutenção e reprodução de seus modos de vida são conceitos demonstrados que devem ser utilizados para que esses povos demonstrem os motivos pelos quais reivindicam a titulação de suas terras (SCHMITT; TURATTI; CARVALHO; 2002).

No que se refere às relações e organizações do trabalho na Comunidade João Sura, pode-se destacar três formas: a reunida, o mutirão e a contratação.

A reunida consiste numa relação de troca de trabalho entre amigos, vizinhos ou parentes. Não há pagamento em dinheiro pelo dia trabalhado, o qual é substituído, pelo trabalho na roça do amigo/vizinho. A reunida, enquanto "expressão do modo de ocupação territorial tradicional" (FERNANDES, 2007, p. 72) geralmente circunscreve-se aos limites de cada um dos três núcleos comunitários.

O mutirão configura-se num mecanismo de integração da comunidade, envolve diversas famílias, núcleos e às vezes, quilombolas de outras comunidades quilombolas próximas. Diferente da reunida, no mutirão não se troca dias trabalhados, mas, há uma partilha comunitária, seguida de uma festa (baile). O mutirão geralmente acontece para realização de obras que beneficiarão toda comunidade, conforme Fernandes (2007, p. 65) "dos mutirões participam aqueles que partilham uma identidade comunitária, neste caso, uma identidade quilombola".

Sobre a contratação em João Sura, essa relação de trabalho sempre existiu, pois, alguns moradores para manutenção de suas casas, dependiam da venda de seu trabalho. Conforme Fernandes (2007, p. 63), a contratação "não define escalas de sociabilidade culturalmente especificas", tal qual a reunida e o mutirão.

A questão da Educação na Comunidade Quilombola João Sura, teve início no dia 12 de maio de 2006, através de uma iniciativa do Grupo de Trabalho Clóvis Moura. Na oportunidade, foi realizada na referida comunidade uma Ação, na ocasião estiveram presentes, além de cerca de 1.000 quilombolas do Paraná, autoridades municipais, estaduais e federais, que apresentavam os programas e as políticas de suas instituições com vistas a atender aos quilombolas.

Nessa ocasião, uma mãe se aproximou do então Secretário de Estado da Educação e expôs-lhe o caso de seus filhos, de 11e 13 anos de idade, que percorrem de transporte escolar cerca de 30 km da estrada, em péssimas condições, para estudar, e que os mesmos retornavam ao final da noite e ainda tinham que caminhar alguns quilômetros para chegar em casa próximo das 01h30 da madrugada. Sendo frequentes os casos que, em virtude de chuvas, chegavam às 04h00 em suas residências. Rotina essa partilhada com outros estudantes – crianças, jovens e adultos – que enfrentavam uma longa e perigosa jornada pelas "serras e vales encaixados e entrecortados por rios sinuosos" (FERNANDES, 2007, p. 15) que compõem a paisagem do vale do Ribeira. Jornada que é recorrente na maioria das comunidades quilombolas paranaenses, que insistem, a despeito de todas as barreiras que se apresentam, em ter acesso a um direito comum a todos os cidadãos brasileiros: o direito à educação.

Diante disso, a Secretaria de Estado da Educação criou uma comissão (formada por representantes do Departamento do Ensino Fundamental, do Departamento de Educação de Jovens e Adultos, e da Assessoria de Relações Externas e Interinstitucionais) com a finalidade de estudar a oferta de uma escola para a Comunidade Remanescente de Quilombo João Sura e construir uma proposta pedagógica para essa e outras escolas em áreas quilombolas. Já nas primeiras reuniões, definiu-se a necessidade de conhecer e escutar a comunidade para poder construir uma proposta que estivesse de acordo com suas especificidades. Foi assim que, nos dias 15 e 16 de agosto de 2006, a comissão – acompanhada da assessora Maria Clareth Gonçalves dos Reis e de representantes do Departamento de Ensino Médio, da Superintendência de Educação e Desenvolvimento (SUDE) e do Núcleo Regional de Educação Metropolitano Norte– realizou uma visita técnica objetivando aproximar-se da realidade daquele quilombo. Na ocasião, foram captados dados sobre a situação educacional, a cultura, a economia, o trabalho, a religiosidade, bem como sobre a experiência de escolarização de crianças, jovens e adultos do local. A visita foi sucedida de reuniões técnicas, e em seguida foi produzida uma versão preliminar da proposta pedagógica para a escola quilombola.

A este respeito a Secretaria de Estado da Educação – SEED pelo Ofício nº 4983/09 – GS/SEED, de 1º/12/2009 (fls. 03), protocolado no Sistema Integrado em 01/12/2009, encaminhou ao Presidente deste Conselho Estadual de educação, a Proposta Pedagógica para Escolas Quilombolas do Estado do Paraná, para análise e parecer.

Consta no ofício que a proposta objetiva fortalecer, qualificar e garantir o atendimento escolar das comunidades quilombolas, respeitando o modo de vida destas populações nos processos de ensino e aprendizagem das crianças, jovens, adultos e idosos, assim como contribuir para amenizar e/ou evitar grandes deslocamentos que, devido às inúmeras condições naturais adversas, do ambiente em que vivem, colocam em risco suas vidas.

De acordo com o (PARECER CEE/CEB nº 194/10, p. 12), a referida proposta após ser analisada foi aprovada com a seguinte redação,

> Esta relatora é favorável à autorização para funcionamento do Ensino Fundamental, Médio e Educação de Jovens e Adultos, fundamentados na Proposta Pedagógica para

Escolas Quilombolas do Estado do Paraná, do Colégio Estadual Diogo Ramos – Ensino Fundamental e Médio, localizado na Comunidade Remanescente de Quilombo João Surá, do Município de Adrianópolis, Vale do Ribeira, organizados em ciclos de formação, com salas intermediárias, em regime de alternância para alunos das comunidades quilombolas (Córrego do Franco, Estreitinho, Três Canais e São João) de Adrianópolis e Areia Branca de Bocaiúva do Sul, em caráter experimental, por dois anos, a partir do ano de 2010.

Apesar do parecer favorável a referida proposta nunca foi colocada em prática, assim como a estrutura física ainda permanece a mesma, falta de professores qualificados, dentre outros.

Imagem 7 – Colégio Estadual Quilombola Diogo Ramos

Fonte: Autor em 2013.

Em se tratando dos Atos Oficiais de Autorização de funcionamento e Reconhecimento de Cursos ofertados pelo Colégio Estadual Quilombola Diogo Ramos – Ensino Fundamental e Médio, localizado na área rural de Adrianópolis, o quadro apresenta os seguintes dados.

Os alunos que frequentam o Colégio Estadual Quilombola Diogo Ramos em Adrianópolis são todos oriundos das comunidades quilombolas de João Sura (sede); Poço Grande; Guaracuí e Praia do Peixe. A faixa etária dos alunos é de 12 a 45 anos.

Cabe registrar que todos os alunos matriculados no Colégio Estadual Quilombola Diogo Ramos são cadastrados nas Comunidades Quilombolas. São alunos interessados em aprender e com desenvolvimento cognitivo saudável, acolhedores e respeitosos.

O Corpo docente compõe-se de professores graduados no Ensino Superior, mas nem todos na respectiva área de conhecimento que compõem a matriz curricular do Colégio.

Em se tratando do regime de trabalho, nenhum dos professores em exercício em sala de aula pertencem ao Quadro Próprio do Magistério do Estado do Paraná, são professores com contratos temporários e regidos pelo PSS – Processo de Seleção Simplificada com contrato temporário e com Carta de Anuência da Comunidade.

1.2 Formação e caracterização da comunidade quilombola Adelaide Maria da Trindade Batista – Palmas Paraná

De acordo com o Arquivo Público do Paraná de (2005), Palmas é o município mais antigo da região sudoeste do Paraná.

Historicamente, sabe-se que a região foi marcada por conflitos, a este respeito Bernartt (2006) destaca a disputa pelo território da região travada entre o Brasil e a Argentina. Esta batalha terminou em 1895. Outra luta que também envolveu a região foi a Guerra do Contestado de 1912 e a de 1916 com a disputa entre o Paraná e Santa Catarina.

Em se tratando do local onde está localizado o Quilombo Adelaide Maria da Trindade Batista, D. Maria Arlete destaca que "bairro de São Sebastião do Rocio, é o mais antigo da cidade, tinha sua capela antigamente administrada por Tia Adelaide e Tia Joana. A festa de São Sebastião, dia 20 de janeiro, era muito concorrida. A ela compareciam não só os moradores da cidade, como também os fazendeiros".

O acesso ao Bairro São Sebastião do Rocio se dá por uma estrada de paralelepípedos, que, devido ao intenso tráfego de veículos pesados encontra-se totalmente irregular sem acostamento dificultando a mobilidade das pessoas idosos e ou com algum tipo de necessidade especial.

Imagem 8 – Rua de acesso ao Bairro São Sebastião do Rocio – Palmas

Fonte: Sônia Marques, 2008.

O primeiro contato e registro sobre a existência das 37 Comunidades Quilombolas do Paraná, foi feito pela professora Clemilda Santiago Neto, responsável pela coordenação do trabalho de campo no Grupo de Trabalho de Clóvis.

Nos sete anos de trabalho, a atuação do grupo foi de diagnóstico da situação socioeconômica e mapeamento das matrizes históricas que constituem o grupo.

Nesse sentido, apresenta-se o registro da **formação histórica da Comunidade Remanescente de Quilombo Adelaide Maria da Trindade** Batista, feito pela técnica do GTCM Clemilda Santiago Neto, em 2007. Quem conta a história da comunidade é a líder, D. Maria Arlete, ela rememora o passado da sua comunidade. Importante destacar, que o referido registro feito em 2007, é referência de valor histórico-documental, por isso, a opção em utiliza-lo aqui.

De acordo com dona Maria Arlete, e o senhor Aurí "in memorium/2013", "a comunidade negra de São Sebastião do Rocio, é formada pelas famílias: Batista, Ferreira, Lima, Silva, Silveira e dos Santos. Conforme o senhor Auri, dona Adelaide Maria da Trindade Batista, era sua avó, e o nome da comunidade foi uma homenagem a ela.

A tia Benedita, (tia Dita), que morreu queimada, sofria de reumatismo, tinha as mãos duras, entrevadas, vestia roupas compridas, saias e vestidos longos. Um dia, ao passar perto do fogo no chão em sua casa, não percebeu que as chamas atingiram suas vestes. Ela não teve agilidade para tirar a roupa que queimava em seu corpo, perecendo por isso.

O senhor Auri foi criado por dona Maria Adelaide Ferreira da Silva, filha de dona Adelaide, que na verdade tornou-se além de tia, mãe, quando a sua verdadeira mãe, irmã dela, antes de falecer o entregou nas suas mãos pedindo que o criasse.

A Senhora Adelaide Maria da Trindade Batista, veio do Rio Grande do Sul com as primeiras expedições, e se instalaram na região onde hoje é o município de Palmas, mais ou menos entre 1836 a 1839. No início, a líder era a dona Adelaide Maria da Trindade Batista, o que ela dizia era a lei, era enérgica, de bom coração, mas tudo dentro da lei.

Na Igrejinha, os homens sentavam do lado direito, e as mulheres e crianças do lado esquerdo. Quando ela faleceu, assumiu a liderança do bairro e da igrejinha, a dona Maria Joana Batista da Silva, casada com José Ferreira da Silva. A dona Maria Joana era tão enérgica quanto a dona Maria Adelaide, continuou com as festas e com a procissão e com a tradição dos bailes. Com a morte desta, ficou na liderança dona Maria Adelaide Ferreira da Silva, a qual era nora da primeira Adelaide, e recebeu o mesmo nome em homenagem a ela, Maria Adelaide

Ferreira da Silva era casada, com o Sr. Joaquim Batista da Luz, o marceneiro do bairro.

Na ausência dela, assumia a liderança da Igrejinha e do bairro a Ermelina Ferreira da Silva, que se casou com Alcides Silveira dos Santos, neto da primeira Adelaide. Com a morte da Ermelina Ferreira da Silva, assume a liderança do bairro e da Igrejinha, que é reconhecida como capela pela Diocese, a sua filha, dona Maria Arlete Ferreira da Silva, que como as suas ancestrais, percebe a importância da preservação da memória e história do grupo. Sempre está repetindo para seus filhos e netos, para que não se perca este conhecimento acumulado de geração em geração, pois como ela mesma diz, muda-se a forma de viver, mas não se pode perder a tradição.

Por causa do local onde se encontra, dona Maria Arlete acha que uma boa parte dos negros veio com a bandeira de José Ferreira dos Santos, e a outra parte com a bandeira de Pedro Dias Cortes, para povoamento dos campos de Palmas.

De acordo com Bauer;

> Para iniciar a construção de suas sedes de fazendas, acredita-se, que os bandeirantes tivessem trazido seus escravos para ajudar nos pesados serviços que tiveram que enfrentar para poder organizar-se. Com toda a certeza, foi com a mão de escravos que foram construídas as grandes casas de pedra bruta das primeiras fazendas de Palmas. A mão escrava foi a que mais contribuiu no desempenho das moradias, arrancando pedras nos morros e transportando-as até o local da obra, em carretão e zorras puxados por bois, ou mesmo pelo próprio punho do escravo (BAUER, 2002, p. 147).

Em 2005, quando o GTCM realizava o levantamento socioeconômico e histórico das comunidades quilombolas no município de Palmas, seu Rui, esposo de dona Maria Arlete, na ocasião acompanhava o trabalho dos técnicos, ao chegar em uma antiga fazenda que, por volta de 1808, ainda mantinham escravos, ao perceber que algumas pedras que formavam a taipa de pedra construída pelos escravos estavam desprendendo espontaneamente, ele inicia o trabalho de reconstituição da taipa.

Imagem 9 – Senhor Rui reconstituindo a taipa de pedra

Fonte: Arquivo pessoal D. Maria Arlete.

Tal gesto remete ao pensamento de Benjamin (1994, p. 255) sobre o conceito de história quando ele destaca que "articular historicamente o passado não significa conhecê-lo "como ele de fato foi". Significa apropriar-se de uma reminiscência, tal como ela relampeja no momento de um perigo".

Retornando a pesquisa feita por Bauer, na percepção de D. Maria Arlete o autor escreveu, relatando de maneira simples, o que ele presenciou, sentiu e viveu, e, acrescentou: "nós aqui somos como essa árvore, a gente tem raízes profundas com este lugar, nós somos dessa terra. A gente se diferencia, mas ficamos como os galhos da árvore, ligados a ela, mas todos diferentes".

Imagem 10 – Árvore localizada entre a escola, a igreja e salão de festas

Fonte: arquivo pessoal de D. Arlete.

No que tange a Religiosidade, D. Maria Arlete relata que D. Adelaide Maria da Trindade Batista foi quem trouxe os santos (imagens) que são veneradas até hoje. A principal festa celebrada na comunidade é a de São Sebastião, realizada no dia 20 de janeiro, todos os anos, desde a sua chegada, portanto há 171 anos.

Imagem 11 – Altar da igreja São Sebastião

Fonte: arquivo pessoal de D. Arlete.

Antigamente, diz dona Maria Arlete, "eram feitos três bailes, na sexta, no sábado e no domingo. O primeiro baile, era só os brancos (os grandes fazendeiros e seus familiares), que dançavam, no sábado eram, só os pretos que dançavam. No domingo, durante o dia todos se reuniam (brancos e pretos), Pela manhã o padre rezava a missa depois as pessoas faziam a procissão. Ao meio-dia, era servido o almoço com churrasco. Os fazendeiros doavam os bois e depois vinham comprar o churrasco.

Os bailes, não acontecem mais, pois hoje vieram para o bairro outras famílias, de várias etnias, que não conhecem e não valorizam a tradição Negra, e tem também a questão da violência que está generalizada no país.

A procissão era em volta da capela, com as imagens de São Sebastião, e Nossa Senhora dos Remédios, e as três bandeiras: do Divino, da Santíssima Trindade, e de São Sebastião. Era comum vestirem as mocinhas (adolescentes), de branco, (virgens), com trancinhas apertadas, completando com uma grinalda de flores, feitas pela tia Salomé.

Tia Salomé foi escrava e tinha as marcas no corpo, a orelha rasgada, a mão queimada, pois era obrigada a levar a brasa na mão para que o seu senhor acendesse o cigarro de palha, e muitas vezes ficavam segurando, a brasa até que ele fizesse o cigarro para depois acendê-lo".

Atualmente, as crianças acompanham a procissão vestidas de anjo e de São Sebastião, como pagamento de promessas e pelas graças alcançadas.

A realização das promessas consiste em tirar a medida do Santo com fitas e colocar no corpo da criança, ou do adulto pedindo graças, cura por enfermidades ou vice versa, tirar a medida da parte do corpo e colocar no santo. Também tiravam as medidas utilizando cera de abelha, no formato do pé da perna, ou da mão, e depois acendiam na capela ao Santo, em cumprimento de promessa.

De acordo com a D. Maria Arlete, os andores, onde são carregados os Santos (São Sebastião e Nossa Senhora dos Remédios) para a procissão, "permanecem no mesmo modelo até hoje, os primeiros foram feitos pelo tio Joaquim que era marceneiro".

A quilombola continua a relatar detalhes da decoração do andor para "São Sebastião é vermelha, e para a Senhora dos Remédios azul".

Ao referir-se a construção da primeira igrejinha dedicada a São Sebastião D. Maria Arlete relata que "as famílias antigas quando chegaram aqui, retiraram madeira em forma de ripão, naquele tempo nossa igreja não era reconhecida, pela Diocese, e nem padre vinha para rezar, as obrigações eram feitas por um capelão, o José rezador.

Com o passar do tempo, foi construída uma nova Igrejinha, a segunda, e desta vez passa a ser reconhecida pela Diocese como capela, já maior e a devoção continua.

A terceira capela, já foi maior ainda, porque foi aumentando o número de devotos, foi construída pelo Epaminondas pai do senhor Ruy" que era esposo de dona Maria Arlete e pelo Joaquim.

A construção da quarta igreja (atual) advém segundo D. Maria Arlete "não só devido o aumento do número de devotos, mas também o número de famílias, não descendentes, vindas de outros lugares e de várias etnias, o que levou a união entre descendentes dos primeiros negros que ali chegaram, e os não descendentes".

Conforme D. Arlete e o seu Ruy, "os negros dançavam a catira, todo mundo parava para ver eles dançarem, usavam tamancos de madeira, que eram feitos pelo tio José rapadura, sola de madeira com tiras de couro, em cima".

Durante o período de carnaval, dançavam o boi de mamão, a este respeito D. Maria Arlete conta que "faziam uma armação de madeira, cabeça de boi, (boi de verdade), tirava a cabeça do boi que as vezes morria no banhado, e deixava secar no sol, deixando os buracos dos olhos, em cima da armação era colocado um tecido de chitão.

As mulheres faziam vários tipos de fantasia, como a de cigana, os homens se enchiam de barba de pau, inventavam, usavam a criatividade. Era na casa da mãe da comadre Noca, que começava o carnaval, e ia passando em todas as casas".

Nas entrelinhas das conversas com D. Maria Arlete e outros moradores da comunidade quilombola, Adelaide Maria da Trindade Batista – Palmas Paraná, foi possível perceber que a festa era uma elemento muito frequente no dia a dia da comunidade.

A este respeito D. Maria Arlete deixa escapar uma informação muito preciosa diz que "faziam muitas surpresas, a gente estava dormindo, de madrugada o violão e a gaita roncavam, na porta, um com carne, o dono da casa matava na hora o porco enquanto uns estavam, dançando outros vinham com a bebida, e a festa rolava no terreiro, todos na maior harmonia, de vez em quando o dono da casa saía e dava salvas de tiro de espingarda, mas eram todos amigos e muito solidários!.

Na nossa casa diz a dona Arlete, o meu padrasto quando a gente tinha as surpresas, ele carregava a espingarda que era do meu avô José Ferreira o qual, lutou na guerra do Paraguai, para dar as salvas de tiro.

Também existia o jogo de escopa, (cartas), na minha casa, e a minha mãe amanhecia fazendo bolinho da graxa".

Após os festejos carnavalescos, a comunidade se recolhia para as reza s quaresmais, a este respeito D. Maria Arlete relata que "na quaresma, usavam a Matraca, para a Recomenda das Almas, de casa em casa".

As questões de terra, o terreno onde se encontra a Igreja foi doado pela "tia Adelaide Maria da Trindade. Ela doou, pois era uma parte dela".

Prossegue contando que "uns abandonaram a terra e foram embora, pois não tinha como sobreviver aqui, outros depois que o prefeito tomou dos negros e começou a vender as terras para outras famílias que não tinham nada a ver com a gente e nem onde morar, diz que venderam por um preço simbólico, pra não dizer que doou, aí que os negros começaram a vender de vez, e também por falta de estrutura, a solução era ir embora em busca de melhores condições de vida pra família".

A falta de estrutura poder ser observada, por exemplo, nas habitações da época.

Imagem 12 – Antiga residência de família quilombola – Palmas

Fonte: acervo pessoal de D. Arlete.

As informações sobre o **Colégio Estadual Quilombola Maria Joana Ferreira** foram coletadas do Projeto Político Pedagógico, do referido estabelecimento de ensino.

Em 06 de fevereiro de 2009, foi inaugurada a Escola Estadual Quilombola Maria Joana Ferreira – Ensino Fundamental, situada no município de Palmas – Paraná, com oferta do Ensino Fundamental (6º ao 9º anos), com início das atividades didático- pedagógicas em fevereiro de 2009. Criada pela Resolução 5242/08 de 14/11/2008, DOE 2/02/2009 e Ato de Autorização de Funcionamento Nº 2580/09 de 14/08/09 – DOE de 22/10/2009 – NRE de Pato Branco, PR, mantida pelo Governo do Estado do Paraná. Em 2013, a escola começou a ofertar também o Ensino Médio no período noturno, tendo em vista a não continuidade dos estudos pelos alunos que concluem o Ensino Fundamental na Escola, especificamente no noturno por não existir espaço físico e pelo fato de os alunos serem trabalhadores.

O Colégio nasceu pela insistente luta das comunidades quilombolas criadas em Palmas nos anos de 2007 e 2008, Adelaide Maria da Trindade Batista (Rocio) e Castorina Maria da Conceição (Fortunato) do Município de Palmas/PR, presididas atualmente por Alcione Ferreira da Silva e Cleni Araldi, e especificamente pela luta da professora aposentada e líder da comunidade Quilombola, Maria Arlete Ferreira. O pedido da escola foi por meio do ofício nº 01\2008 de 28 de outubro de 2008 encaminhado ao Sr. Vagner Roberto do Amaral, responsável pelo departamento das Diversidades da Secretaria do Estado da Educação – SEED – Paraná.

O ofício foi assinado pelo Sr. Alcione Ferreira da Silva, presidente da comunidade Quilombola Adelaide Mª da Trindade Batista representante da Federação Quilombola do Estado do Paraná; pela Sra. Adriana Marques, diretora da Escola Municipal São Sebastião; pela Sra. Vera Lúcia Correa de Almeida, diretora da Escola Municipal Tia Dalva; pela Sra. Rosemari Câmara da Silva, presidente da Associação de Moradores do Bairro São Sebastião; e pela Sra. Maria Arlete Ferreira da Silva, Líder da Comunidade Quilombola e Secretária da Federação Quilombola do Estado do Paraná. O estabelecimento de ensino recebeu primeiramente o nome de Escola Estadual Quilombola Maria Joana Ferreira – Ensino Fundamental.

A necessidade de se criar o Colégio de Ensino Fundamental (anos finais) e Ensino Médio, também está atrelada a distância das escolas estaduais existentes, levando os pais dos alunos dos bairros São Sebastião e Fortunato a se preocuparem com a segurança dos seus filhos. A escola estadual mais próxima situa-se aproximadamente a cinco quilômetros desses bairros e como não dispõem de transporte adequado, dificultava a permanências na escola, levando-os a evasão e reprovação.

A Prefeitura de Palmas cedeu pelo prazo de um (01) ano as dependências da antiga Creche Chapeuzinho Vermelho, uma sala de aula da Escola Municipal São Sebastião, uma sala de catequese da Igreja Católica, localizada ao lado da Escola e a Quadra de Esportes para a prática desportiva, em horários acordados com as atividades da Escola Municipal São Sebastião.

As instalações cedidas foram reformadas pela Prefeitura Municipal e a Escola Estadual Quilombola Maria Joana Ferreira

– Ensino Fundamental, foi inaugurada no dia 6 de fevereiro de 2009 com a presença das autoridades municipais, representantes da Secretaria de Educação do Estado, das Comunidades Quilombolas e Palmenses. As atividades pedagógicas foram iniciadas em 09 de fevereiro de 2009, e em 2013 foi implantado o Ensino Médio noturno.

**Imagem 13 – Colégio Estadual Quilombola
Maria Joana Ferreira – Palmas**

Fonte: Autor em 2013.

O referido estabelecimento de ensino oferta Ensino Fundamental, anos finais nos períodos matutino e vespertino e Ensino Médio no período noturno.

Atividades de Complementação Curricular em forma de jornada ampliada. Programa Mais Educação[4] e Sala de Recursos.

Os educandos do Colégio Estadual Quilombola Maria Joana Ferreira são compostos, na grande maioria, por famílias quilombolas de classe econômica baixa, oriundos de famílias subempregadas, empregadas temporariamente e desempregadas, alguns sem moradia e, consequentemente, sem condições de saúde ideal, não dispondo de recursos para as necessidades

---

4 Programa instituído pela Portaria Interministerial nº 17/2007 e regulamentado pelo Decreto 7.083/10, constitui-se como estratégia do Ministério da Educação para induzir a ampliação da jornada escolar e a organização curricular na perspectiva da Educação Integral. Fonte: <portal.mec.gov.br> – acesso em 13/12/2014

básicas. Outros são filhos de operários, trabalhadoras domésticas, funcionários públicos e carrinheiros.

A faixa etária dos alunos é de 10 a 45 anos. Atualmente, o Colégio Estadual Quilombola Maria Joana Ferreira, conta com 326 alunos matriculados. Os alunos são provenientes das Comunidades Quilombolas: Adelaide Maria e Castorina Maria da Conceição (dos bairros São Sebastião do Rocio, Fortunato e Aeroporto). A grande maioria é egressa das Escolas Municipais Tia Dalva e São Sebastião, localizadas na Comunidade Quilombola. A maioria dos alunos matriculados é cadastrada nas Comunidades Quilombolas; os demais têm etnia diversificada, com predominância afrodescendente. São crianças com desenvolvimento cognitivo saudável e emocionalmente aberto para a aprendizagem, com atitudes e valores bons, porém, alguns apresentam baixa autoestima, complexo de inferioridade em relação à cor e condição social.

O Corpo docente compõe-se de professores graduados no Ensino Superior e Especialistas nas respectivas áreas de conhecimento que compõem a matriz curricular do Colégio, e conta ainda com professores e monitores do Programa Mais Educação.

Quanto ao regime de trabalho dividem-se em: Quadro Próprio do Magistério do Estado do Paraná e contratos pelo Regime PSS – Processo de Seleção Simplificada com contrato temporário e com Carta de Anuência da Comunidade.

CAPÍTULO II
QUILOMBO E O DEBATE TEÓRICO NA ATUALIDADE

> Falar dos quilombos e dos quilombolas no cenário político atual é, portanto, falar de uma luta política e, consequentemente, uma reflexão científica em processo de construção (LEITE, 2000, p. 333).

Contemporaneamente, o termo Quilombo retorna ao cenário nacional, não como algo do passado que precisa ser lembrado, mas, sobretudo, como uma luta por direitos historicamente ceifados. O Quilombo faz emergir uma nova pauta no âmbito da política nacional, que por sua vez exigiu a conjugação de esforços de militantes, afro-descendentes e cientistas, na definição do que vem a ser o quilombo na atualidade e quem são os quilombolas.

Assim, o objetivo deste capítulo é apresentar e discutir o conceito de quilombo em contextos históricos que marcam a formação e organização da sociedade brasileira. Há dois tempos históricos que evidenciam os significados e a representação do termo quilombo na sociedade, sendo o primeiro anterior à abolição em 1888 e o segundo em 1988, um século depois.

A fim de compreender a trajetória semântica do conceito de quilombo, bem como suas representações e significados ao longo do tempo no Brasil, faz-se necessário um breve retorno a historiografia, logo em seguida, apresenta-se o conceito contemporâneo de quilombo, que assume uma configuração política, de luta pela concretização de direitos étnicos previstos na Constituição de 1988 e não resolvidos desde 1888.

Durante o Brasil Colônia, o holandês Gaspar van Barleu registrou uma parte da sociedade escravista da época. No livro intitulado *Histórias dos feitos recentemente praticados durante oito anos no Brasil* (referência à administração colonial de

Maurício de Nassau), constam registros sobre a existência do Quilombo de Palmares, nos quais é possível se evidenciar os significados e representações sobre quilombos e seus habitantes.

> Salteadores e escravos fugidos, ligados numa sociedade de latrocínios e rapinas, os quais eram dali mandados às Alagoas para infestarem as lavouras [...] A expedição contra eles, que, pouco havia, fora impedida, obtendo agora algum efeito, arruinou os Palmares grandes, onde salteadores, que compravam o ócio com latrocínios e roubos, tinham o seu valhacouto e refúgio (BARLEU, 1974, p. 273).

Nota–se a ênfase na desqualificação dos quilombolas, uma vez que subverterem a lógica da dominação branca.

Também durante o período colonial, Sebastião da Rocha Pita escreve o livro *História da América Portuguesa*, no qual o autor busca justificativas para explicar as fugas constantes dos escravizados. Conforme o autor, as fugas não ocorriam em razão da tirania dos senhores e das condições desumanas de trabalho a que eram submetidos, mas sim, "por apetecerem viver isentos de qualquer domínio". Descreve o quilombo de Palmares da seguinte forma:

> [...] vastíssimo sertão daquela vila, que acharam desocupado do gentio, e só assistido dos brutos que lhes serviam de alimento e companhia, com a qual se julgaram ditosos, estimando mais a liberdade entre as feras que a sujeição entre os homens (PITA, 1976, p. 186).

No período imperial, encontram-se registros historiográficos sobre a escravização no livro *História do Brasil*, de Heirich Handelmann. Sobre as fugas e organização dos grupos escravizados nos quilombos relata que:

> Ora vagavam isolados, cada um com sua família; ora se reuniam diversos num grande grupo e fundavam no âmago da mata uma aldeia em comum, em geral umas pobres choças de palha e taipa, ao lado de uma roçada pequena para fazer plantação, o conjunto defendido, às

> vezes, por muralha tosca, para o caso de um imprevisto assalto; chamava-se a uma tal colônia de escravos fugidos um quilombo, ou, em outros sítios, um mocambo, ambos nomes provavelmente de origem africana. [...] existiam desde cedo, e certamente em todas as províncias do Brasil (HANDELMANN, 1982, p. 862).

Sobre o quilombo de Palmares, observa-se o uso da expressão "Estado negro", ressaltam-se também os laços de solidariedade entre os membros do quilombo, vínculo indispensável para resistir às forças repressivas do aparelho estatal. A citação a seguir comprova tal constatação:

> [...] nos primeiros anos da invasão holandesa em Pernambuco, 1630 e seguintes, quando se evadiu um grande número de africanos da escravidão dos portugueses, não sabemos precisamente quando, nem como; todavia, a circunstância de se haverem logo ajuntado e sujeitado a uma organização coletiva faz-nos supor que eram companheiros de tribo da costa de Angola ou pelo menos malungos, isto é, companheiros de navio, que sempre conservaram uma grande solidariedade [...] em meados do século 17, havia o "Estado negro" assim alcançado não pequeno grau de poder e florescimento; estava agora em condições de oferecer resistência às forças militares da capitania de Pernambuco (HANDELMANN, 1982, p. 982).

No que tange à destruição de Palmares, o autor supracitado, lamenta, entretanto, entende como algo necessário à dominação e exploração pela elite branca. Deixa evidente que a organização quilombola deveria ser combatida e exterminada, em face ao perigo que representavam aos interesses comerciais do continente europeu, como se pode observar abaixo:

> Deveríamos lamentar-lhe a triste sorte, porém a sua destruição foi uma necessidade. Uma completa africanização de Alagoas, uma colônia africana de permeio aos Estados europeus escravocratas, era coisa que não podia de todo ser tolerada, sem fazer perigar seriamente a existência da colonização branca brasileira; o dever da própria con-

servação obrigava a exterminá-la; e deve-se atribuir, não às pessoas, porém somente às circunstâncias existente então, ao condenável sistema do tráfico de escravos e escravização dos negros, a culpa de tão grande tragédia (HANDELMANN, 1982, p. 982).

Na concepção de Handelmann (1982), o quilombo representava um território encerrado dentro da sociedade escravista, um enclave, uma pequena organização que se contrapunha a lógica social vigente, disposta a acolher escravizados que conseguissem romper as amarras do sistema.

No Brasil Império, Agostinho Perdigão Malheiro, no seu livro *A escravidão no Brasil: ensaio histórico, jurídico, social*, destaca a situação do negro escravizado no Brasil, e tece argumentos sobre a legislação escravista da época, nas quais o escravizado negro é desprovido de todo e qualquer direito à cidadania. Conforme o autor, "o escravo não tinha direito de participar da vida política, pública, exercito ou de qualquer participação da soberania nacional e poder público" (MALHEIRO, 1976, p. 35).

Com a preocupação de regulamentar juridicamente o regime escravista, Malheiros empreendeu uma leitura na legislação de outros lugares/países onde vigorou a escravidão. Assim, buscou embasar seus argumentos sobre o trabalhador negro escravizado como um direito de propriedade do senhor, pautado no direito romano, aplicável na época, dizendo que:

> Se remontarmos ao Direito Romano antigo, aí veremos sancionada a extrema consequência da latitude do direito de propriedade constituído sobre o escravo, quando, conferiu-se ao senhor, além do *jus domini,* o *jus potestatis*, se lhe deu a faculdade de dispor do escravo como bem lhe a provesse, de maltratá-lo e até matá-lo impunemente (jus vitae etnecis), do mesmo modo que o poderia fazer com um animal que lhe pertencesse, ou outro qualquer objeto de seu domínio (MALHEIRO, 1976, p. 37).

Sobre as fugas, Malheiros (1976) destacou que elas sempre aconteceram, e representavam a busca pela liberdade arrancada, ceifada. Nessa situação, as matas constituíram-se numa alternativa viável, ainda que perigosas.

> Entre os escravos era comum emprenharem-se nas matas, levando uma vida precária, quilombolas ou calhambolas [...]. Baseado nisso foi criado o cargo de capitães do mato, para recapturar esses escravos, que ao serem recuperados pela primeira vez eram marcados a ferro com a letra F, e pela segunda vez cortava-lhes uma orelha (MALHEIRO, 1976, p. 49).

No entanto, ressalta que o maior perigo não estava nas matas, e sim, na ameaça que os quilombolas emitiam a ordem estabelecida na sociedade escravista. Os grandes gastos para combater a fuga dos escravizados, considerados inimigos públicos na época, eram efetuados para que aceitassem as condições desumanas a que eram submetidos. A este respeito, Malheiro (1976) descreve que o,

> [...] perigo maior resulta para o Estado e ordem pública; e exigia providência excepcional. Em todos os países, em que este cancro se tem introduzido, o escravo não é só reputado um inimigo doméstico, mas ainda um inimigo público, pronto sempre a rebelar-se, a levantar-se. Os escravos descendentes da raça africana, que ainda conservamos, hão por vezes tentado, e ainda tentam, já por deliberação própria, já por instigações de estranhos, quer em crises de conflitos internacionais, quer internas; é o vulcão que ameaça constantemente a sociedade, é a mina a fazer explosão a menos centelha (MALHEIRO, 1976, p. 5).

Conforme Arruti (2006), falar de quilombos na atualidade é tratar de uma categoria em disputa. Um enfrentamento em torno de como o plano analítico se conecta com os planos político e normativo. Uma disputa travada entre antropólogos e historiadores, mas também entre estes; travada na imprensa, no parlamento e nas decisões judiciais. O que está em disputa, não é a maneira como se organizaram ao longo dos tempos, nem os direitos reivindicados, mas o que o conceito poderá abarcar ou excluir completamente. Está na arena, o quanto da realidade dos quilombolas de norte a sul do país, o conceito, a definição teórica será capaz de reconhecer.

Desde a abolição em 1888, a população negra, devido a inexistência de políticas públicas voltadas para sua inserção social, ocupou posições subalternas na sociedade brasileira. A sociedade legislou que negros não poderiam ser proprietários de terra, visto que, a Lei de Terras de 1850, exclui os afro-brasileiros da condição de brasileiros, e enquadra-os na categoria de "libertos".

A este respeito, torna-se imperiosa a contribuição de Lovell (1991) ao afirmar que o:

> Usufruto, a posse e a propriedade dos recursos naturais tornaram-se, ao longo do processo de formação social brasileira, cada vez mais, moeda de troca, configurando um sistema disfarçadamente hierarquizado pela cor da pele e onde a cor passou a instruir níveis de acesso (principalmente à escola e à compreensão do valor da terra), passou mesmo a ser valor "embutido" no "negócio". Processos de expropriação reforçaram a desigualdade destes "negócios", de modo a ser possível hoje identificar nitidamente quem foram os ganhadores e perdedores e quem, ao longo deste processo, exerceu e controlou as regras que definem quem tem o direito de se apropriar (LOVELL, 1991, p. 241-362).

De acordo com Leite (2000), nos últimos vinte anos, os descendentes de africanos, em todo o território nacional, organizados em associações quilombolas, reivindicam o direito à permanência e ao reconhecimento legal de posse das terras ocupadas e cultivadas para moradia e sustento, bem como o livre exercício de suas práticas, crenças e valores considerados em sua especificidade. Ainda, quando entra em cena a noção de quilombo como forma de organização, de luta, de espaço conquistado e mantido através de gerações, compreende-se a incidência voraz das distintas dimensões do racismo brasileiro.

Como dizia Florestan Fernandes, referindo-se ao racismo brasileiro e a suas consequências nefastas, surgiu "uma espécie de preconceito reativo: o preconceito contra o preconceito ou o preconceito de ter preconceito" (FERNANDES, 1972, p. 42). Para Santos (2003), a negação da existência de negros ou, se quiser, a sua desumanização, é da essência do racismo. E é essa negação dos negros enquanto seres humanos que nos "anestesia" quanto às desigualdades raciais. Estes fatos têm um enorme peso no momento de se decidir sobre qual política adotar para solucionar a discriminação racial a que estão submetidos os negros.

As políticas públicas específicas para população negra, elaboradas para corrigir desigualdades historicamente acumuladas, como, a política de reconhecimento e titulação das terras secularmente ocupadas pelos quilombolas. Assim, o problema enfrentado por meio de políticas públicas específicas para negros é um doloroso processo que se arrasta imperiosamente nas políticas inclusivas tanto no campo da educação, como em outros campos.

Nesse contexto, as principais políticas públicas esboçadas pelo Governo Federal visando a atender as demandas das Comunidades Quilombolas, têm início em 2003, e estão concentradas na regularização fundiária, educação e saúde. A discussão sobre quilombos foi recolocada no contexto nacional desde 1988, e o termo quilombo adquiriu sentido político e jurídico. Segundo Almeida (2002), a Constituição de 1988, no artigo 68 do Ato das Disposições Constitucionais Transitórias (ADCT), opera uma inversão de valores no que tange aos quilombos, se comparada com legislação colonial, pois quilombo era usado como uma categoria legal para classificar um crime, uma afronte à ordem estabelecida. Em 1988, quilombo torna-se uma categoria de autodefinição, voltada para reparação de danos materiais e morais.

Para O'Dwyer (2002), a partir da Constituição brasileira de 1988, o quilombo adquire uma significação atualizada, ao ser inscrito no art. 68 ADCT para conferir direitos territoriais aos *remanescentes de quilombos* que estejam ocupando suas terras, sendo-lhes garantida a titulação definitiva pelo Estado brasileiro. No entanto, o termo quilombo ou remanescente de quilombos fez emergir muitas indagações, sobre quem são esses sujeitos na atualidade, e como aparecem no cenário nacional com direitos atribuídos por um dispositivo constitucional.

No entender de O'Dwyer (2002), o texto constitucional não evoca apenas uma "identidade histórica" que pode ser assumida e acionada na forma da lei. Segundo o texto, é preciso, sobretudo, que esses sujeitos históricos presumíveis existam no presente e tenham como condição básica o fato de ocupar uma terra que, por direito, deverá ser em seu nome titulada (como reza o art. 68 do ADCT da Constituição Federal de 1988). Assim, qualquer invocação do passado deve corresponder a uma forma atual de existência capaz de realizar-se a partir de outros sistemas de relações que marcam seu lugar num universo social determinado.

Assim, a partir da Constituição Federal, com o artigo 68 do ADCT o debate em torno do conceito de quilombola se espraia para cenário político nacional, e esses sujeitos se permitem "através de várias aproximações desenhar uma cartografia inédita na atualidade, reinventando novas figuras do social" (REVEL, 1998, p. 07). Neste contexto, o termo quilombo é revisitado, pois, era necessário "fazer o reconhecimento teórico e encontrar o lugar conceitual do passado no presente" (SAHLINS, 1990, p. 19).

As mobilizações de vários grupos tradicionais/étnicos pela garantia e manutenção de seu modo de vida, como luta pela terra, faz emergir distintos processos e procedimentos no âmbito da legislação e da formulação e execução de políticas públicas especificas. O artigo 68 ADTC é fruto de amplo movimento de reivindicação e pressão social, num momento muito singular na história do país, ainda que esse movimento não se inicie com a Constituição. Sobre isso Almeida (2005) faz a seguinte constatação,

> [...] o processo social de afirmação étnica, referido aos chamados quilombolas, não se desencadeia necessariamente partir da Constituição de 1988 uma vez que ela própria é resultante de intensas mobilizações, acirrados conflitos e lutas sociais que impuseram as denominadas terras de preto, mocambos, lugar de preto e outras designações

que consolidaram de certo modo diferentes modalidades de territorialização das comunidades remanescentes de quilombos. Neste sentido a Constituição consiste mais no resultado de um processo de conquistas de direitos e é sob este prisma que se pode assegurar que a Constituição de 1988 estabelece uma clivagem na história dos movimentos sociais, sobretudo daqueles baseados em fatores étnicos (ALMEIDA, 2005, p. 17).

Desde o período colonial, a temática sobre quilombos é analisada, entretanto, até 1988, o assunto não provocou nenhuma polêmica ou discussões mais acirradas, pois, não se tratava de analisar o quilombo, na perspectiva de reparação e garantia de direitos.

Conforme O' Dweyr (2002, p. 2), o termo quilombo até recentemente "era de uso quase exclusivo de historiadores e demais especialistas da área". No entanto, a Constituição confirmou o conceito, e demandou a atenção de várias áreas do conhecimento, que aos poucos deixa adquirir significados socioculturais, portanto, deixa de ser interpretado somente pelo prisma do passado escravista. Entretanto, é importante destacar a leitura historiográfica que permite compreender a semântica do conceito e os contextos que impulsionaram outras maneiras de ver e dizer sobre os quilombos.

De acordo com (GOMES, 2005; MOURA,1993), as sociedades escravistas do período de colonização europeia sobre a América foram marcadas por práticas de fugas, e partir daí, germinam as comunidades oriundas da fugas, com diferentes denominações,

> [...] foi na Venezuela com os **cumbes**; na Colômbia com os palenques; no **Caribe inglês e EUA com os maroons; no Caribe Francês** com a **marronage** e em Cuba com os **cimarrones**. No Brasil, **desde o período colonial, tais comunidades de fugitivos escravos receberam** as denominações de quilombos e/ou mocambos (GOMES, 2005, p. 449, grifos no original).
> Na Colômbia, Cuba, Haiti, Jamaica, Peru, Guianas, finalmente onde quer que a escravidão existisse, o negro

marron, o quilombola, portanto, **aparecia como sinal de rebeldia contra o sistema que o escravizava**. Em Cuba, eram os **palenques**, muitos deles famosos (MOURA, 1993, p. 11, grifos no original).

Conforme Stuart Schwartz (2001), o termo quilombo passou a ser empregado usualmente, no Brasil, por volta do século XVIII, para designar qualquer comunidade de escravos fugidos e cita que o primeiro documento visto por ele, usando o termo quilombo com esta designação, data de 1691 e refere-se especificamente a Palmares.

Soares (2012) destaca que o Quilombo de Palmares sempre foi apresentado como arquétipo de todos os Quilombos, tornou-se paradigmático na historiografia tradicional e na sociedade, aliás, na educação escolar e acadêmica são raríssimas as referências a outros Quilombos anteriores a Constituição de 1988.

Segundo Clóvis Moura (1981, p. 16), a primeira referência a quilombo em documentos oficiais portugueses data de 1559, mas em 1740 a definição dada pelo rei de Portugal, respondendo a consulta do Conselho Ultramarino, define quilombo como "toda habitação de negros fugidos que passem de cinco, em parte despovoada, ainda que não tenham ranchos levantados nem se achem pilões neles".

Ao discutir o conceito historiográfico de quilombo, Almeida (2002) faz uma análise crítica do termo, evidenciando a inoperância do conceito no âmbito jurídico. Ao referir-se a definição de quilombo supracitada, o autor entende como um conceito "frigorificado" no tempo. A descrição de quilombo de 1740 busca provar que o quilombo é uma representação do negro subversivo a lei, fugitivo, vivendo em bando, sem moradia fixa e sem dispor de pilões para o próprio sustento. Há que se destacar que o pilão era a tecnologia utilizada por grande parte dos que vivam no meio rural, este instrumento servia para o beneficiamento de produtos para a própria alimentação, para as trocas realizadas entre a vizinhança e até mesmo para a comercialização, o que, aliás, em algumas comunidades quilombolas do Paraná ainda persiste, por exemplo, é o caso da comunidade quilombola João Sura em Adrianópolis que ainda usa o pilão para descascar o arroz, moer o amendoim para fazer quitutes, e outros.

A definição é composta por cinco elementos, que podem ser sintetizados da seguinte maneira: 1) vínculo a escravos fugidos; 2) quantidade mínima de fugidos; 3) localidade marcada pelo isolamento geográfico (ou dificuldade de acesso, estando próximo ao mundo natural e selvagem em oposição ao mundo dito "civilizado"); 4) a ausência de "rancho", morada, benfeitoria; 5) "nem se achem pilões nele", o pilão é o instrumento que transforma o arroz, portanto, representa a sustentabilidade.

Na concepção de Munanga & Gomes (2006, p. 72), a definição de 1740 de quilombo é uma visão distorcida sobre este, o de que colaborou para desqualificar ou tornar invisível seu verdadeiro significado, e que "quilombo não significa refúgio de escravos fugidos". No entendimento de Lara Sílvia (1996, p. 97), essa definição de quilombo foi elaborada pelos agentes da administração colonial, portanto, "trata-se de uma definição operacional ligada ao estabelecimento dos salários do capitão-do-mato, mas que é, sobretudo uma definição política".

Ainda sobre as definições de quilombos inscritas nos dispositivos colonialistas e imperialistas, Lara Silvia (1996, p. 97) conclui que todas as definições apresentam semelhanças, no entanto, estão posicionadas em bases diferentes, visto que, algumas definições "considera a distância do lugar onde se estabeleceram, outra a disposição para resistir ou ainda a capacidade de sobreviver por longo tempo nos matos. Em todas, chama atenção o pequeno número de fugitivos para o quilombo". De acordo com (SALLES, 2003, p. 222), ao analisar a documentação histórica do Pará, constatou-se que o termo quilombo aparece vinculado a "povoado de ex-escravos negros foragidos; coletivo de mucambo, [...]. Os termos se confundem, como se fossem sinônimos, na documentação histórica do Pará e quase sempre são usados indiferentemente".

De acordo com Reis (1996, p. 16): *Quilombo derivaria de kilombo, sociedade iniciática de jovens guerreiros **mbundu**, adotada pelos invasores **jaga** (ou **imbangala**), formados por gente de vários grupos étnicos desenraizada de suas comunidades.*

Para Lopes (1987), quilombo é um conceito próprio dos africanos que vem sendo modificado ao longo dos séculos.

Nessa mesma linha de pensamento, Munanga (1995, p. 58) diz que "o quilombo é seguramente uma palavra originaria dos povos de línguas bantu (*Kilombo*, aportuguesado: quilombo). Os bantus são formados por vários povos de uma mesma raiz linguística, (*lunda, mbundu, ovimbundu, imbangala e kongo*), escravizados no Brasil. Assim, segundo ele, para compreender a formação dos quilombos no Brasil é necessário conhecer a organização dos bantus nos séculos XV e XVll.

Sobre o significado do termo quilombo Munanga (1996) diz que:

> A palavra quilombo tem a conotação de uma associação de homens, aberta a todos sem distinção de filiação a qualquer linhagem, na qual os membros eram submetidos a dramáticos rituais de iniciação que os retiravam do âmbito protetor de suas linhagens e os integravam como co-guerreiros num regimento de super-homens invulneráveis às armas de inimigo (MUNANGA, 1996, p. 60).

Segundo Nascimento (1994), existem traços comuns entre os costumes verificados entre os *mbundu* e os palmarinos. Uma conexão interessante é a própria concepção de quilombo como espaço geográfico e o indivíduo que faz parte dele (quilombola). Agrega-se a isto a relativa proximidade cronológica entre duas formas de organização. Os *mbundus* se organizaram, a princípio para defenderem seu território, ou seja, resistência ao colonialismo português.

Ao tecer comparações entre o quilombo brasileiro e o africano Munanga (1996) destaca as semelhanças entre esses dois modos de organização e resistência,

Pelo conteúdo, o quilombo brasileiro é, sem dúvida, uma cópia do quilombo africano reconstruído pelos escravizados para se opor a uma estrutura escravocrata, pela implantação de uma outra estrutura política na qual se encontraram todos os oprimidos. Escravizados, revoltados, organizaram-se para fugir das senzalas e das plantações e ocuparam partes de territórios brasileiros não-povoados, geralmente de acesso difícil. Imitado ao modelo africano, eles transformaram esses territórios em espécie de campos de iniciação à resistência (MUNANGA, 1996, p. 63).

Para o autor, a reconstrução do quilombo brasileiro agrega a experiência militar do povo *bantu*, associada às estratégias inventadas pelos seus descendentes oprimidos em solo brasileiro, transformando o quilombo num símbolo de reação ao escravismo.

Conforme Cardoso (2001), no final do século XIX, o quilombo se traduzia numa manifestação combativa às diversas formas de opressão. A mística sobre o quilombo povoava o sonho e o imaginário dos milhares de escravizados nas várias atividades desempenhadas por eles. Assim, muitos quilombos surgiram e se organizaram dentro desse contexto, onde as fugas significavam uma explicita reação ao colonialismo.

Para Almeida (1998), o conceito de quilombo no Brasil Imperial, não mudou, alterou apenas o número de "fugidos", da perspectiva do grupo dominante, portanto, sem nenhuma reflexão científica nem tampouco a possibilidade de pensar políticas públicas para esses grupos negros. No Brasil República, o termo quilombo desaparece dos dispositivos jurídicos, foi completamente invisibilizado, embora, continuasse existindo.

De acordo com Gomes (2006, p. 13), existem duas matrizes interpretativas para a formação dos quilombos no Brasil, sendo: a primeira denominada matriz culturalista, teve início na década de 1930, e a segunda chamada de matriz materialista, teve início na década de 1960. As interpretações culturalistas tinham como referência a experiência do quilombo de Palmares, e compreendiam que o principal motivo das fugas dos escravizados consistia no desejo de reproduzir os padrões culturais africanos frente ao processo de aculturação imposto pela sociedade escravista.

Destacam-se, nessa fase culturalista, os trabalhos de Arthur Ramos e Édson Carneiro. Para Ramos (1942, p. 137), o quilombo foi um fenômeno contra-aculturativo do africano frente à desagregação cultural sofrida no regime de escravidão. Na concepção do autor, a população negra no quilombo manteve sua cultura original, tais como: religião, tradições sociais e linguagem.

Na concepção de Gomes (2006), Carneiro buscou formular um modelo genérico que pudesse explicar o estabelecimento dos quilombos no Brasil durante o regime escravista. Conforme Cunha Júnior (2012), é provável que Edson Carneiro (antropólogo negro baiano), tenha sido o primeiro estudioso sistemático da história do quilombo de Palmares a escrever sobre o assunto em 1947.

No que se refere a definição de quilombo, Carneiro (1942) defendia que quilombo consistia numa reafirmação da cultura e do estilo de vida africanos. O tipo de organização social criado pelos quilombolas estava tão próximo do modo de organização então dominante nos Estados africanos que, era possível dizer com certo grau de segurança, que os negros responsáveis pelo quilombo eram em grande parte recém-vindos da África, e não negros nascidos e criados no Brasil. O autor qualificou o Quilombo do Palmares como Estado negro, afirmou a heterogeneidade lá existente com a presença de "mulatos e índios" ao lado dos negros; apontou as trocas efetuadas com as vilas vizinhas e o papel significativo ocupado pela mulher no referido quilombo, entre outros aspectos.

Nesse contexto, uma das críticas alusivas às pesquisas de cunho culturalista é justamente a maneira como o conceito de cultura é apresentado, isto é, estático, limitado e binário (cultura negra X cultura branca). Conforme Gomes (2006, p. 200), este conceito de cultura desconsiderava os processos de reelaborações e transformações histórico-culturais de um povo. Ainda de acordo com Gomes, os estudos evidenciavam de maneira reducionista que as "ações dos fugitivos" reunidos em comunidades não representavam nenhuma ameaça à integridade do sistema escravista. O conteúdo de suas revoltas era apenas restauracionista", visando a restabelecer sociedades africanas e reafirmar valores culturais deste continente.

Na década de 1950, outros estudos começam a despontar e se consolidar na perspectiva materialista, que compreende a rebeldia dos escravizados inserida no contexto da luta de classes. Os quilombos passam a configurar como expressão histórica da resistência política. Essa linha de estudo buscou enfatizar os atos de rebeldia coletiva dos escravizados, e o quilombo como uma forma de luta. O conceito de resistência escrava daquele período tendia a considerar, porém, somente aquelas formas extremas de negação do sistema escravista, como, suicídio, abortos e rebeliões. Em contraposição, também era considerado forma de resistência a passividade dos escravizados frente ao sistema que lhes vitimava. Desse modo, a corrente materialista buscava se contrapor as abordagens limitadas pelo viés cultural.

A partir da década de 1970, os intelectuais envolvidos com o estudo da população negra, com ênfase na cultura e identidade, elaboram uma noção de quilombo próxima dos movimentos sociais negros e se esforçam para traduzir em suas reflexões. Evidentemente, esses intelectuais, tais como, Abdias do Nascimento, Beatriz Nascimento e Ney Lopes, partiram de pesquisas já existentes sobre quilombos, entretanto, o diferencial reside no relativo afastamento das correntes culturalistas e materialistas de classe, lançam um olhar de reflexão e indagação para a afirmação da identidade étnica.

Nesse sentido, constituem-se como características marcantes na obra desses intelectuais: a recuperação dos sentidos atribuídos ao termo quilombo; suas particularidades em cada contexto histórico do Brasil e sua utilização como um conceito ferramenta na transformação das condições sociais da população negra brasileira.

No que se refere a afirmação da identidade étnica, Nascimento (1994) sintetiza as variações históricas ocorridas na

África pré-colonial, período colonial e imperial, do quilombo e sua transição para princípios ideológicos, quando destaca:

> Durante sua trajetória, o quilombo serve de símbolo que abrange conotações de resistência étnica e política. Como instituição, guarda características singulares do seu modelo africano. Como prática política apregoa ideais de emancipação de cunho liberal que a qualquer momento de crise da nacionalidade brasileira corrige distorções impostas pelos poderes dominantes. [...] por tudo isto, o quilombo representa um instrumento vigoroso no processo de reconhecimento da identidade negra brasileira para uma maior autoafirmação étnica e nacional. O fato de ter existido como brecha no sistema em que os negros estavam moralmente submetidos projeta uma esperança de que instituições semelhantes possam atuar no presente ao lado de várias outras manifestações de reforço a identidade cultural (NASCIMENTO, 1994, p. 158).

Nessa perspectiva, destaca-se a contribuição de Abdias Nascimento no 2º Congresso de Cultura Negra das Américas, realizado no Panamá em 1980, posteriormente publicado sob o título de "*O Quilombismo: Uma Alternativa Política Afro-brasileira*". Nessa produção, quilombo adquire uma conotação política vinculada à situação da população negra brasileira, quilombo deixa de significar somente "escravo fugitivo", e passa ser reunião fraterna e livre, de solidariedade, convivência e comunhão existencial (NASCIMENTO, 1980, p. 263).

Quilombo torna-se um instrumento conceitual operativo, mediante as necessidades da população negra. Ainda conforme o autor, quilombo significa:

> Um instrumental conceitual operativo [que] se coloca, pois, na pauta das necessidades imediatas da gente negra brasileira. Ele não deve e não pode ser o fruto de uma maquinação cerebral arbitrária, falsa e abstrata. Nem tampouco pode ser um elenco de princípios importados, elaborados a partir de contextos e de realidades diferentes. A cristalização dos nossos conceitos, definições e princí-

pios deve exprimir a vivência de cultura da coletividade negra. Só assim estaremos incorporando nossa integridade de ser total, em nosso tempo histórico, enriquecendo e aumentando nossa capacidade de luta. Onde poderemos encontrar essa vivência de cultura coletiva? Nos quilombos (NASCIMENTO, 1980, p. 206).

Também a partir da década de 1970, as abordagens sociais buscaram destacar a organização política dos quilombos. Para Moura (1981), o quilombo é uma forma de organização, aconteceu em todos os lugares onde ocorreu a escravidão. Este autor utiliza o conceito de resistência, enfatizando-o como uma forma de organização política:

> Essas comunidades de ex-escravos organizavam-se de diversas formas e tinham proporções e duração muito diferentes. Havia pequenos quilombos, compostos de oito homens ou pouco mais; eram praticamente grupos armados. No recesso das matas, fugindo do cativeiro, muitas vezes eram recapturados pelos profissionais de caça aos fugitivos. Criou-se para isso uma profissão específica. Em Cuba chamavam-se rancheadores; capitães do mato no Brasil; *coromangee ranger*, nas Guianas, todos usando táticas mais desumanas de captura e repressão. Em Cuba, por exemplo, os rancheadores tinham como costume o uso de cães amestrados na caça aos escravos negros fugidos. Como podemos ver, a marronagem nos outros países ou a quilombagem no Brasil eram frutos das contradições estruturais do sistema escravista e refletiam, na sua dinâmica, em nível de conflito social, a negação desse sistema por parte dos oprimidos (MOURA, 1981, p. 12-13).

A capacidade de organização do grupo, talvez seja uma das principais características, que particularizam tanto o quilombo colonial quanto o quilombo contemporâneo. Enfrentando ataques constantes, e destruídos muitas vezes, reapareciam em outros lugares, fincando estacas de defesa contra os inimigos, ora distantes, ora próximos. O tamanho do grupo, demandava a necessidade de ter uma base econômica, que permitisse a sobrevivência do grupo. Importante destacar que os quilombos não eram totalmente isolados ou independentes da sociedade escravista da época. Quando localizados em regiões cujo tipo de solo possuía potencial para agricultura, dedicavam-se à atividade agrícola, quando em regiões com tipo de solo com potencial de mineração, dedicavam-se à garimpagem.

Segundo Moura (1981), a forma de produção desenvolvida nos quilombos se afastava daquela praticada pelos latifundiários, pois, o modelo era de uma economia policultura, distributiva e comunitária. A produção era voltada para atender às necessidades dos membros do quilombo. Apesar, do forte vínculo com as atividades produtivas para sustentabilidade, dependiam de alguns produtos que não poderiam ser produzidos no quilombo. Dessa forma, para garantir a sobrevivência do grupo estabeleceram relações comerciais externas e clandestinas com outros grupos também oprimidos pela sociedade escravista.

Sem generalizações, é possível afirmar que em muitas regiões do Brasil, alguns quilombos foram quase reconhecidos como comunidades de camponeses independentes. E mais:

> [...] Ainda durante a escravidão e avançando o século XX, muitos quilombolas eram quase reconhecidos como pequenos camponeses, pois iam frequentemente e com a maior liberdade aos povoados circunvizinhos comerciar seus produtos, comprar pólvora e munição, e alguns deles até trabalhavam por vezes para fazendeiros locais em troca de proteção, dinheiro e mantimentos (GOMES, 2005, p. 460).

Nesse sentido, é possível inferir que paralela a produção monocultora, voltada ao mercado externo, havia uma produção de subsistência, que se conectava com outros núcleos populacionais do entorno.

> [...], como unidade produtiva, o quilombo desenvolvia, internamente, uma série de atividades para se manter e alimentar sua população. Tinha seu setor artesanal, que se desenvolvia constantemente, metalurgia, tecelagem: finalmente, organizava-se internamente para conseguir, em caso

de isolamento ou de guerra, manter-se sem grandes crises internas de produção. Essa dupla atividade do quilombo – de um lado, mantendo intercâmbio com outras unidades populacionais e produtivas e, do outro, desenvolvendo sua própria economia interna – permitiu-lhe possibilidade de sobrevivência na sociedade escravista que o perseguia (MOURA, 1993, p. 26).

Os trabalhadores escravizados ao resistirem ao escravismo, organizando-se nos quilombos, tornaram-se sujeitos de sua história e imprimiram outras interpretações à história oficial do Brasil.

Como dito, anteriormente, após 1888 o termo Quilombo é excluído dos textos legais e constitucionais, e só reaparece um século depois, na Constituição de 1988. Com o fim da escravização, o quilombo perde o sentido de lugar de resistência ao sistema escravista no modelo colonial, entretanto, continua como foco de resistência no sentido de luta e sobrevivência numa nova estrutura sociopolítica/econômica da qual foram completamente alijados. Assim, o quilombo adquire a conotação de um grupo composto majoritariamente por pessoas negras, invisíveis aos olhos do Estado, no que tange à formulação de políticas públicas de reparação.

Conforme Almeida (2002, p. 49), o conceito de 1740, na qual o quilombo é descrito com apenas cinco elementos funcionou como definitivo e definidor do que foi/é um quilombo. "Jazem encastoados no imaginário dos operadores de direito e dos comentadores como pretensão científica". No entanto, o quilombo ultrapassou a caracterização ultramarina, rompendo com os cinco elementos que fechavam sua representação (fuga, quantidade, moradia, distância, subsistência). Essa noção historiográfica de quilombo, não permitiria a operacionalização de quilombo na atualidade, pois se fazia necessário entender e interpretar os fenômenos históricos/sociais envoltos ao quilombo antes da Abolição e após Abolição.

Em relação aos múltiplos significados que o termo quilombo pode suscitar, bem como a preocupação que o conceito deve conter para a aplicação do artigo 68, apresentam-se duas perspectivas que se opõe no campo político sobre o que deve ser considerado quilombo hoje.

De um lado temos a posição *primordialista*, que está ligada a um uso do quilombo [...] como ícone da "consciência" e da "cultura negra", a uma crítica à democracia racial, que faz com que o "artigo 68" esteja associado à idéia de uma representação da dívida histórica que o sistema escravista deixou ao Estado e à sociedade brasileira temos a posição *ressemantizadora*, que resulta da equação das expressões "terras de uso comum", categorias de "auto--atribuição", novas etnias e está associada àquela *outra genealogia* do "artigo 68". (grifos no original) (ARRUTI, 2005, p. 100-101).

Conforme Arruti (2005), os dois grupos que debatem essas concepções se pautam pelo consenso. Ambos defendem os quilombos como espaços culturais, sobretudo, a justa regularização de suas terras. A discordância reside na forma como cada um utiliza o termo cultura para identificar o quilombo. Enquanto para alguns ressemantizadores a constituição garante aspectos fundiários e culturais, a regularização dos territórios quilombolas não é uma questão propriamente cultural; os primordialistas, responsáveis pela existência do "artigo 68", preocupam-se "com a produção de uma identidade e de orgulho racial que têm na recuperação do mundo africano entre nós e no exemplo de resistência o seu foco." Para os primordialistas existe uma relação entre cultura e etnicidade que extrapola o campo da referência determinada pela constituição e, por isso, buscam alargar o conceito de quilombo, pois dessa forma a lei poderá beneficiar outros espaços, ou campos, como terreiros de candomblé, monumentos negros, favelas que antes eram espaços de negros (ARRUTI, 2005, p. 102).

A abolição marca o fim do quilombo como lugar de fuga, resistência e luta pela liberdade mediante o sistema escravista, entretanto, a situação de descaso público, aliada às distintas formas de opressão e expropriação de seus territórios, continua explicando. Ainda hoje muitos quilombos lutam pela titulação de seus territórios, que não foram concedidas.

Nessa perspectiva, a aprovação do artigo 68 do ADTC/CF faz renascer sonhos esmaecidos por quem sempre desejou regularizar a posse centenária de suas terras. Conforme Arruti (1988), após a aprovação do artigo 68, as comunidades remanescentes de quilombos que, num primeiro momento, pareciam poucas, multiplicaram-se rapidamente, pois "um número crescente de comunidades negras rurais começa a recuperar uma memória até então recalcada, revelando laços históricos com grupos de escravos".

Importante destacar que o acesso à terra dos quilombos ocorreu de distintas maneiras (doações, heranças, ocupações de terras devolutas, entre outras), o que exigiu uma reinterpretação do quilombo para aplicação do preceito constitucional. Assim, ao longo dos tempos novas semânticas foram dadas ao termo quilombo. Primeiro foi terra de pretos, e agora são os remanescentes de quilombos, ou comunidades quilombolas. Segundo Arruti, (2005), trata-se de uma:

> Categoria social relativamente recente representa uma força social relevante no meio rural brasileiro, dando nova tradução àquilo que era conhecido como comunidades negras rurais (mais ao centro e sudeste do país) e terras de preto (mais ao norte e nordeste), que também começa a penetrar o meio urbano, dando nova tradução a um leque variado de situações que vão desde as antigas comunidades negras rurais atingidas pela expansão dos perímetros urbanos até bairros em torno dos terreiros de candomblé (ARRUTI, 2005, p. 26).

Também Glória Moura (1999) referindo-se aos atuais remanescentes de quilombos, apresenta uma definição, a qual nomeia de quilombo contemporâneo:

> Pode-se definir quilombo contemporâneo como comunidades negras rurais habitadas por descendentes de escravos que mantêm laços de parentesco e vivem, em sua maioria,

em terra doada, comprada ou ocupada secularmente pelo grupo. Os negros dessas comunidades valorizam as tradições culturais dos antecedentes passados, religiosos ou não, recriando-as no presente. Possuem uma história comum e têm normas de pertencimentos explícitas, com consciência de sua identidade étnica (MOURA, 1999, p. 100).

O termo quilombo no presente vincula-se a questões territoriais, pois, a terra coletivamente ocupada é um bem público das comunidades negras. O Censo do IBGE de 1980, classificou essa outra forma de ocupação da terra que se contrapõe ao modelo capitalista da propriedade privada, de terras de preto. De acordo com Almeida (1989),

> [...] compreende aqueles domínios doados, entregues ou adquiridos, com ou sem formalização jurídica, por famílias de ex-escravos. Abarca também concessões feitas pelo Estado a tais famílias, mediante à prestação de serviço guerreiro. Os descendentes destas famílias permanecem nessas terras há várias gerações sem proceder ao formal de partilha, sem desmembrá-las e sem delas apoderarem individualmente [...]. A expressão *terra de preto* alcança também aqueles domínios ou extensões correspondentes a antigos quilombos e áreas de alforriados nas cercanias de antigos núcleos de mineração, que permaneçam em isolamento relativo, mantendo regras de concepção de direito, que orientavam uma apropriação comum dos recursos (ALMEIDA,1989, p. 174-175).

Assim, os quilombos integram as terras de preto, que representa uma das formas de uso comum da terra.

Na mesma linha de pensamento, Glória Moura (1999) destaca que:

> As denominadas terras de preto compreendem aqueles domínios doados, entregues ou adquiridos, com ou sem formação jurídica, às famílias de ex-escravos a partir da desagregação de grandes propriedades monocultoras. Os descendentes de tais famílias permanecem nessas terras há várias gerações sem proceder ao formal de partilha e sem delas se apoderar individualmente (MOURA, 1999, p. 101).

No plano jurídico e legislativo o termo remanescente de quilombo encontrou seus maiores desafios no cumprimento do preceito constitucional (artigo 68), pois, remanescente levou a ideia de "fóssil, sobra, resto resíduo, refletindo, portanto, uma concepção frigorificada do termo" (ALMEIDA, 1998, p. 13-25). Diante das batalhas que começaram a ser travadas em vários segmentos sociais, pois, se tratava de um dispositivo imperativo para titulação das terras ocupadas por negros, o Ministério Público Federal em 1994 convocou a Associação Brasileira de Antropologia (ABA) para emitir seu parecer sobre a situação já conhecida pelos antropólogos.

É dessa forma que o conceito de quilombo assume novo significado, a fim de garantir direitos e reparar uma cidadania que ficou incompleta, cidadão invisível aos olhos do Estado. Nesta perspectiva O'Dwyer 1995 define que,

> [...] Contemporaneamente, portanto, o termo quilombo não se refere a resíduos resquícios arqueológicos de ocupação temporal ou de comprovação biológica. Também não se trata de grupos isolados ou de uma população estritamente homogênea. Da mesma forma, nem sempre foram constituídos a partir de movimentos insurrecionais ou rebelados mas, sobretudo, consistem em grupos que desenvolveram práticas cotidianas de resistência na manutenção e reprodução de seus modos de vida característicos e na consolidação um território próprio [...] (O'DWYER, 1995, p. 1).

A ressemantização do termo quilombo fornece outras maneiras de ver e dizer sobre essa organização social, que, a um só tempo une passado e presente, e impõe demandas e reparações passadas, presentes e futuras. A atual definição, ainda que formulada pelos movimentos sociais negros, é motivo de acirrados debates no âmbito acadêmico, mas sobretudo, no jurídico. Embora na pauta de debates e estudos, o conceito definitivo de quilombo ainda existe e faz emergir indagações e tensionamentos. Para Almeida (2002),

> O importante aqui não é tanto como as agências definem, ou como uma ONG define, ou como o partido político define e sim como os próprios sujeitos se autorrepresentam e quais os critérios político-organizativos que norteiam suas mobilizações e forjam a coesão em torno de uma certa identidade (ALMEIDA, 2002, p. 68).

O novo conceito de quilombo demanda a formulação e aplicação de políticas públicas, também instaura um novo ciclo de discussões sobre os arranjos e rearranjos territoriais no Brasil rural. O novo conceito de quilombo faz refletir uma realidade social secularmente invisibilizada, na qual o sujeito se autodefine, e exige a partir daquilo que os torna diferentes, o direito à cidadania, ou o direito a direitos iguais. Como diz Boaventura de Souza Santos (2003, p. 56), "temos o direito de sermos iguais quando a diferença nos inferioriza. Temos o direito a sermos diferentes quando a igualdade nos descaracteriza. As pessoas querem ser iguais, mas querem respeitadas suas diferenças".

Assim, são consideradas as diferenças que os sujeitos elegem como relevantes e significativas para afirmação de seu grupo étnico, portanto, não é o observador externo quem emite uma opinião preconcebida sobre as formas de organização social e cultural do grupo étnico.

Segundo Almeida (2002),

> [...] para que se verifique se certa comunidade é de fato quilombola, é preciso que se analise a construção social inerente àquele grupo, de que forma os agentes sociais se percebem, de que forma almejaram a construção da categoria a que julgam pertencer. Tal construção é mais eficiente e compatível com a realidade das comunidades quilombolas do que a simples imposição de critério temporais ou outros que remontem ao conceito colonial de quilombo (ALMEIDA, 2002, p. 68).

Nesse sentido, o conceito de quilombo ressemantizado demanda a formulação e execução de políticas públicas específicas, a fim de reparar injustiças historicamente acumuladas.

Na concepção de Costa (2009) o novo conceito deverá ser capaz de proporcionar aos sujeitos quilombos

> [...] a) assumir a agência de serem os produtores culturais da identidade afirmadora de sua territorialidade, b) estabelecer articulações com o movimento social da região em que se encontrem inseridas para constituir-se como ponto de uma trama política de defesa dos direitos dos povos e das comunidades tradicionais, c) apoiar-se em mediações individuais e/ou institucionais para fazer a passagem de um grupo social isolado para um grupo social que dialoga com instâncias do Estado Nacional, d) resgatar pela memória coletiva, práticas, saberes e manifestações culturais que evidenciam a singularidade cultural e que afirmem sua tradicionalidade, e) manter-se coeso nos embates com outras categorias sociais que discutem o território em que sua historicidade se encontre inscrita e f) inserir-se nas dinâmicas econômicas regionais e nacionais, como parte de suas estratégias de reprodução material submeter-se à lógica capitalista hegemônica [...] (COSTA, 2009, p. 11).

Importante destacar que o termo "remanescente das comunidades de quilombos" inscrito no preceito constitucional desencadeia muitas discussões, principalmente no âmbito jurídico. De acordo com o artigo 68 do (ADCT/CF-88), "aos remanescentes das comunidades de quilombos que estejam ocupando suas terras é reconhecida a propriedade definitiva, devendo o Estado emitir-lhe os títulos respectivos". Conforme Arruti (2008), o texto foi incorporado à Carta Magna "no apagar das luzes", em uma formulação "amputada", de forma improvisada, sem uma proposta original clara. Havia sim, um consenso sobre a importância do artigo 68, no sentido de reparação das sequelas deixadas pela escravidão, e por uma abolição na qual os negros foram lançados a própria sorte, sem acesso à terra e a outros recursos sociais.

No entanto, o dispositivo constitucional não possibilitou uma interpretação atualizada do fenômeno social quilombo. No entendimento de Almeida (2002, p. 57), "a lei exige que alguém se proclame "remanescente", só que o processo de afirmação étnica não passa historicamente pelo resíduo, pela sobra, ou "pelo que foi e não é mais", senão pelo que de fato é, pelo que efetivamente é e é vivido como tal".

O texto constitucional apresenta ambiguidade e no que se refere ao uso da expressão "remanescentes das comunidades quilombolas", o que se torna um obstáculo na interpretação jurídica para titulação do território quilombola até o momento. Conforme Leite (2012), após inúmeras disputas políticas em relação à determinação da interpretação do termo constitucional houve uma inversão semântica e simbólica ao utilizar o termo comunidades remanescentes dos quilombos ao invés de remanescentes das comunidades de quilombo, com o intuito principal de distinguir o objetivo contemporâneo da norma que é reparar o horror da escravidão.

Ainda de acordo com Leite (2012), ao utilizar a expressão "remanescentes das comunidades de quilombos", ao invés de "comunidade de remanescentes de quilombos", o constituinte fez uma escolha conservadora e tornou a norma constitucional extremamente restritiva. Dessa forma, deixa de cumprir seu sentido mais amplo de reparação ao horror escravista, direito de muitos afrodescendentes, para direcionar o direito territorial pautado na questão cultural somente daqueles quilombos assim considerados por meio de resquícios arqueológicos.

Assim, a utilização do termo "comunidade de remanescente de quilombo" estaria valorizando a afirmação étnica atual do fenômeno, pois, como já dito, os quilombos não podem ser considerados grupos absolutamente isolados, daí a dificuldade de buscar resquícios biológicos e/ou arqueológicos. Os sociais em territórios específicos, e ali estabeleceram práticas cotidianas de resistência e produção e reprodução do modo de vida.

Apesar da força constitucional e da representação simbólica do Quilombo, os avanços e resultados concretos no que se refere a aplicação dos dispositivos legais são mínimos, e têm como prováveis causas: o elevado número de comunidades identificadas no país, o que assustou as instituições responsáveis pela condução do processo. Os procedimentos para essa titulação encontram como montanha quase intransponível os interesses e contestações das elites agrárias; os atos repressivos e violentos, envolvendo a disputa pelo título da terra (de um lado população negra do campo de outro as indústrias madeireiras) e por fim, o não cumprimento da lei.

Segundo Leite (2000), em meados dos anos de 1990, era possível perceber a despreocupação dos setores conservadores que haviam votado pela aprovação do artigo 68, pois, imaginavam tratar-se de poucos grupos isolados, portanto, favoráveis à visibilidade governamental e após isso o objetivo seria encerrar definitivamente essa questão.

As condições de invisibilidade e subalternidade secularmente impostas aos Quilombos resultam hoje em acaloradas discussões em torno da sua própria definição, haja vista, os diversos fenômenos que marcaram/marcam a trajetória da população negra, e fornecem uma miríade de interpretações, que ora são concordantes, ora são discordantes. O desafio, hoje, no âmbito acadêmico e também impasse na esfera jurídica, mesmo mediante o aparato constitucional, gira em torno do que o conceito de Quilombo poderá incluir e a partir daí garantir políticas públicas específicas, na perspectiva de uma sociedade mais equânime.

Assim, diante de tantos significados que corporificam o atual conceito quilombo, resta a indagação de Almeida (2002, p. 46-63) qual esquema interpretativo disponível e apropriado para dar conta dessa contingência histórico-sociológica? "Quer dizer, qual conceito de quilombo estava em jogo?" A nova definição de quilombo abrange muitas situações no que se refere as questões territoriais, doações, heranças, compra de terras por escravizados alforriados etc., portanto, "os objetivos e a representação do real constituem a realidade de referência". Nesse sentido, Almeida (2002) defende a necessidade de libertação da noção frigorificada de quilombo, diz ele:

> É necessário que nos libertemos da definição arqueológica, da definição histórica *stricto sensu* e das outras definições que estão frigorificadas e funcionam como uma camisa-de-força, ou seja, da definição jurídica dos períodos colonial e imperial e até daquela que a legislação republicana não produziu, por achar que tinha encerrado o problema com a abolição da escravatura, e que ficou no desvão das entrelinhas dos textos jurídicos. A relativização dessa força do inconsciente coletivo nos conduz ao repertório de práticas e às autodefinições dos agentes sociais que viveram e construíram essas situações hoje designadas como quilombo (ALMEIDA, 2002, p. 63).

Assim, buscou-se apresentar as representações e significados do quilombo em diferentes tempos históricos do Brasil, até os dias atuais. Também a evolução na semântica do conceito de quilombo, que considera pela definição ressemantizada no campo da antropologia, a voz dos quilombolas ao dizerem quem são.

CAPÍTULO III
CURRÍCULO, CULTURA E IDENTIDADE

Neste capítulo, busca-se discutir sobre os entrelaçamentos entre currículo, cultura e identidade, na perspectiva de interação, negociação, conflitos, paradoxos e relações de poder historicamente imbricadas no currículo escolar. Trata-se de refletir sobre currículo, cultura e identidade, sendo a preocupação central evidenciar questões que demonstrem a manutenção dos processos simbólicos, culturais e históricos e suas relações com o currículo escolar.

A construção do currículo nas escolas quilombolas está imbricada nos processos de negociação cultural da comunidade quilombola, que visa à produção de novos saberes nos interstícios das propostas e práticas curriculares hegemônicas. As experiências e vivências da comunidade e seus interesses entram em cena no espaço escolar com objetivo de elaborar um currículo que valorize outros modos de conhecer o mundo, isto é, que valorizem no currículo as diferenças culturais. A este respeito Bhabha (2013) evidencia que "a articulação social da diferença, da perspectiva da minoria, é uma negociação complexa, em andamento, que procura conferir autoridade aos hibridismos culturais" (BHABHA, 2013, p. 21).

A escola sempre teve dificuldades para lidar com a diversidade cultural e étnica e com as diferenças. Sobre isso Moreira e Candau (2003) inferem que a tendência da escola é silenciar e neutralizar as diferenças, visto que a homogeneização e padronização conferem uma posição diante da possibilidade de embates acerca das diferenças culturais/sociais/étnicas/históricas. No entanto, "abrir espaço para a diversidade, a diferença e para o cruzamento de culturas constitui o grande desafio que [a escola precisa] [...] enfrentar" (MOREIRA; CANDAU, 2003, p. 161).

No contexto das escolas quilombolas, o currículo pode ser interpretado como um contínuo jogo de forças, um "entre-lugar" (BHABHA, 2013), no qual reside a busca pelo estabelecimento de relações entre tradição e desconstrução das subalternidades, articulando um processo de negociação cultural que permita à escola quilombola ser um espaço de fortalecimento de seus valores e da identidade étnica. Nesse caso, currículo, cultura e identidade estão profundamente envolvidos, pois, o currículo expressa as diferentes e conflitantes concepções de vida social, aquilo pelo qual um grupo luta. Neste sentido, é que se entende que o Currículo nas Escolas Quilombolas disponibiliza elementos que possibilitam um modo de ser, ver e dialogar com o mundo.

O currículo também está implicado no processo de formação e produção de identidades. Cabe aqui destacar a posição de Gilroy (2007) ao referir-se a questão da identidade, o autor argumenta que:

> Em tempos recentes, a identidade também veio a se constituir em uma espécie de ponte entre as abordagens frequentemente discrepantes do entendimento do eu e da socialidade, encontrados em ambos os lados desse abismo crescente (GILROY, 2007, p. 131).

Dessa forma, o currículo deixa de ser interpretado pelas lentes tradicionais, como local de transmissão de uma cultura homogênea e incontestada, e passa a ser visto como um território de disputa para definir e legitimar a cultura do grupo dominante e o conteúdo dessa cultura (BOURDIEU, 1979). Assim, o currículo torna-se um dispositivo bastante eficaz no processo de construção identitária dos alunos.

Na perspectiva de Hall (2011), a identidade está em constante movimento e transformação em relação as formas pelas quais somos representados nos sistemas culturais. Isso significa que a identidade é móvel, cambiante, e tem contextos históricos específicos e que são construídas por meio de discursos, práticas e posições opostas. Conforme Hall (2011, p. 39), a identidade permanece sempre incompleta, está sempre "em processo", sempre "sendo formada".

Na concepção de Woodward (2000), a identidade é relacional e é marcada pela diferença. A identidade depende da diferença, e se encontra em permanente processo de luta pela significação e ressignificação, mas a um só tempo são constituídas em contextos sociais e culturais distintos. O currículo pode ser entendido como um produto cultural, que vai moldando a identidade, formando sujeitos de acordo com a proposta daquela sociedade. Mas, Bauman (2005) adverte que "o campo de batalha é o lar natural da identidade. Ela só vem a luz no tumulto da batalha [...] é uma luta simultânea contra a dissolução e fragmentação" (BAUMAN, 2005. p. 74). É possível inferir que talvez a batalha também seja o "lar natural" do currículo.

O currículo é marcado por conflitos, negociações, disputas que estão diretamente vinculados às relações de poder. Assim, currículo, cultura e identidade estão implicados de forma permanente em lutas pela afirmação e legitimação de vozes silenciadas, visto que, grupos subordinados tentam resistir à imposição de significados que mantêm os interesses dos grupos hegemônicos.

Nossa sociedade tem como característica formadora a pluralidade cultural/étnica. Nesse sentido, não podemos mais negligenciar a pluralidade cultural que se manifesta em todos os espaços sociais. Tais pluralidades muitas vezes eclodem em conflitos, evidenciando grandes desafios que os profissionais da educação deverão enfrentar. Por outro lado, a pluralidade cultural pode nos possibilitar enriquecimento rumo à transformação das práticas de ensino aprendizagem. Sobre os confrontos acerca das diferenças culturais, Bhabha (2013) diz que,

> Os embates de fronteira acerca da diferença cultural têm tanta possibilidade de serem consensuais quanto conflituosos, podem confundir nossas definições de tradições e modernidade, realinhar as fronteiras habituais entre o público e o privado, o alto e o baixo, assim como desafiar as expectativas normativas de desenvolvimento e progresso (BHABHA, 2013, p. 21).

Esses embates de fronteiras estão presentes na constituição da política curricular, visto que, eles não são produtos de uma mesma racionalidade, as decisões podem ser divergentes, contraditórias, portanto, conflituosas.

Sobre a definição de política curricular, Sacristán (1998) propõe uma concepção processual de currículo e busca situar a política curricular como uma ponte entre interesses políticos, teorias curriculares e práticas escolares. Nesse contexto, define política de currículo como,

> [...] um aspecto específico da política educativa, que estabelece a forma de selecionar, ordenar e mudar o currículo dentro do sistema educativo [...] é toda aquela decisão ou condicionamento dos conteúdos e da prática do desenvolvimento do currículo a partir das instâncias de decisão política e administrativa [...]. [Para ele, a política de currículo] [...] planeja um campo de atuação com um grau de flexibilidade para os diferentes agentes moldadores do currículo (SACRISTAN, 1998, p. 109).

O autor reconhece as relações entre Estado, política educativa, sistema educacional e práticas pedagógicas como constituidores do processo político. Assim, como no sistema curricular na política de currículo,

> [...] as decisões não se produzem linearmente concatenadas, obedecendo a uma suposta diretriz, nem são frutos de uma coerência ou expressão de uma mesma racionalidade. Não são extratos de decisões dependentes umas de outras, em estrita relação hierárquica ou de determinação mecânica e com lúcida coerência para com determinados fins [...]. São instâncias que atuam convergentemente na definição da prática pedagógica [...] (SACRISTAN, 1998, p. 101).

Refletir e falar sobre currículo é interagir com um artefato múltiplo, que agrega uma gama de definições, portanto, demanda escolher dentre os vários autores e pesquisadores da área do currículo aqueles que possibilitam contextualizar os significados do currículo dentro dos objetivos elencados na pesquisa. Assim, o currículo não é somente uma seleção de saberes, mas, também um produtor contínuo de conhecimentos e sentidos, em tempo e sociedade. Para Goodson (1998, p. 09):

> Aquilo que é considerado currículo num determinado momento, numa determinada sociedade, é o resultado de um complexo processo no qual, considerações epistemológicas puras ou deliberações sociais racionais e calculadas sobre conhecimento talvez não sejam nem mesmo as mais centrais e importantes.

O currículo traz consigo disputas das mais diversas, Macedo (2006, p. 105) interpreta como um "espaço-tempo de fronteiras entre saberes", onde além das disputas existem trocas. Assim, a construção curricular envolve diferentes intenções, sendo um espaço de enunciação cultural, isto é, uma fronteira onde culturas híbridas interagem com outras culturas também híbridas, resultando no hibridismo cultural. Macedo (2011) entende que o currículo não é um espaço onde culturas travam batalhas apenas por legitimidade, mas também:

> [...] como uma prática cultural que envolve, ela mesma, a negociaçao de posições ambivalentes de controle e resistência. O cultural não pode, na perspectiva que defendo, ser visto como fonte de conflito entre diversas culturas, mas como práticas discriminatórias em que a diferença é produzida. Isso significa tentar descrever o currículo como cultura, não uma cultura como repertório partilhado de significados, mas como lugar de enunciação. Ou seja, não é possível contemplar as culturas, seja numa perspectiva epistemológica, seja do ponto de vista moral, assim como não é possível selecioná-las para que façam parte do currículo. O currículo é ele mesmo um híbrido, em que as culturas negociam com-a-diferença (MACEDO, 2011, p. 105).

Dessa forma, pensar a construção do currículo nas escolas quilombolas como um artefato hibrido remete a ideia de Pinar (2002) que defende a viabilidade de um processo de hibridização cultural, no qual elementos de diversas origens, pertencimentos e posições sociais hierárquicas se desterritorializam e se reterritorializam. Em outro momento, Pinar (2003) utiliza o conceito de "conversa complicada" ou "conversa instigante" para referir-se à convergência das diversas enunciações presentes na comunicação humana, as quais se dirigem para um ponto de encontro comum. Nele, diferentes discursos se encontram, reconhecem-se, e atritam-se e relacionam-se, sem imposição, isto se configura num processo de hibridização.

Na concepção de Canclini (2008), desterritorialização e reterritorialização, são dois processos articulados, sendo: a perda da relação entendida como "natural" da cultura com os territórios geográficos e sociais e ao mesmo tempo, certos relocalizações territoriais relativas, parciais, das velhas e novas produções simbólicas. Na visão de Lopes e Macedo (2002), a reterritorialização de discursos produzidos fora do campo educacional, constitui uma das marcas do pensamento curricular brasileiro atual.

A hibridação opera, portanto, pela mobilização de distintos discursos dentro de um âmbito especifico, articula modelos externos e, ao fazê-lo, tanto busca a sempre frustrada cópia do original (BHABHA, 1998), como articula diferentes tradições e discursos. A produção de novos sentidos, significados emanam das novas reorganizações dos conceitos.

Conforme Dussel (2002) é possível encontrar discursos híbridos na educação desde a emergência da escola pública. A própria noção de currículo pode ser considerada como um híbrido, uma vez que o currículo seleciona elementos da cultura e os traduz para um determinando espaço, destinando-os para instâncias especificas. Os discursos curriculares também têm sido considerados híbridos por combinarem distintas tradições e movimentos disciplinares, construindo alianças e dando lugar a determinados consensos. Nesse sentido, o hibridismo pode ser entendido como "processos socioculturais nos quais estruturas ou práticas, que existiam de forma separada, combinam-se para gerar novas estruturas, novos objetos e práticas" (CANCLINI, 2008, p. 19).

Ainda, segundo Dussel (2002), interpretar o currículo, em termos de hibridação que o constitui oferece novas possibilidades para se refletir sobre a complexidade dos processos culturais, políticos e sociais que o configuram. O conceito de hibridismo permite vislumbrar outras perspectivas analíticas para compreender os processos de reconhecimento, de legitimação e de apropriação das políticas curriculares nas diferentes instâncias pelas quais transitam até sua efetiva implementação no local a que se destina.

Assim, a construção de uma política curricular para as escolas quilombolas, transita por vários fragmentos da instituição mantenedora, que tem o poder de avaliar e decidir o que pode e o que não pode ser legitimado numa proposta curricular, cujo objetivo maior é reconhecimento, visibilidade, integração entre conhecimentos oriundos de uma cultura historicamente subalternizada, portanto, negada, quando não estereotipada no currículo dito oficial.

O poder central constrói mecanismos simbólicos de legitimação de seus discursos e o faz, especialmente, pela apropriação de discursos legitimados socialmente entre diferentes grupos sociais. Assim, apesar dos múltiplos olhares sobre a proposta curricular, apenas alguns são reconhecidos como legítimos. Como no entender de Bernstein (1996), apenas algumas vozes são ouvidas, enquanto outras são silenciadas. Os sentidos, porém resultam tanto do que se ouve quanto do que é silenciado.

Para Lopes (2002), o hibridismo é intrínseco à recontextualização de políticas curriculares. Ao visarem determinados agenciamentos simbólicos, concessões para transformação social almejada, a política curricular torna válido determinados discursos, mas igualmente constitui sua própria validade pela bricolagem de discursos validados em outros contextos históricos sociais, o que promove, por sua vez, hibridismo cultural com novos sentidos e significados para velhos conceitos.

É importante destacar que a utilização do conceito de hibridismo também oferece oportunidades, riscos e ambivalências. Na concepção de Burbules (2003), as oportunidades emergem dos embates entre grupos e sujeitos que o processo de hibridização envolve, e podem oferecer momentos para examinar a múltiplas expressões culturais e históricas. O hibridismo também oferece oportunidades porque a negociação de sentidos e de significados que constitui essa produção cultural pode engendrar a emergência de novas alternativas, além de lidar com a diversidade, que é uma necessidade no sentido de uma cultura cívica democrática.

Os riscos na utilização desse conceito devem-se a provocações de compreensões equivocadas e ambivalências. Nesse sentido, Dussel (2002), infere que se o hibridismo provê uma estratégia de luta significativa contra todo tipo de essencialismo, também corre o risco de obscurecer a profunda desigualdade que segue existindo na sociedade brasileira.

Por outro lado, pensar o currículo na perspectiva de hibridização nos possibilita refletir sobre a complexidade dos processos de produção culturais e políticas sociais que compõem a tessitura curricular. Sob a ótica de Bhabha (1998, p. 20), "é teoricamente inovador e politicamente crucial", a necessidade de ir além das narrativas de subjetividades originárias e iniciais e focalizar os momentos produzidos na articulação de diferenças culturais. Nesses "entre-lugares", emergem as estratégias de subjetivação – singular ou coletiva – que geram "novos signos de identidade e postos inovadores de colaboração e contestação, no ato de definir a própria ideia de sociedade".

Assim, a construção de uma proposta curricular destinada às escolas quilombolas perpassa por uma longa trajetória de negociação de posições ambivalentes de controle e resistência. Nessa proposta curricular, interagem diferentes sujeitos, diferentes concepções, e, sobretudo, distintas maneiras de conceber o futuro educacional almejado a partir daquele projeto. Também há uma tentativa de vigiar e controlar esse novo currículo híbrido por parte da instituição governamental, visto que, ele rompe com os padrões convencionais através de negociações, combinações, disputas e consensos em determinados momentos.

Se considerar o currículo como uma produção cultural, pode-se visualizar no currículo as dimensões que Bhabha (1998) visualiza na produção cultural: as dimensões pedagógica e performática. Para Bhabha (1998, p. 209),

> a dimensão pedagógica traz os rastros, a produção narrativa e tradicional, uma sucessão de momentos históricos que representa uma eternidade produzida", uma memória. Já "a dimensão performática traz a produção de algo novo, algo ainda não dito; traz um signo diferenciador do Eu.

Assim, não existe tradição sem desempenho e vice-versa, uma dimensão perturba a outra, e é essa relação entre as dimensões que impedem o controle absoluto, o fechamento do currículo por discursos hegemônicos.

> O trabalho fronteiriço da cultura exige um encontro com "o novo" que não seja parte do *continuum* de passado e presente. Ele cria uma ideia do novo como ato insurgente de tradução cultural. Essa arte não apenas retoma o passado como causa social ou precedente estético; ela renova o passado, refigurando-o como um entre-lugar contingente, que inova e interrompe o atual; o do presente. O "passado-presente" torna-se parte da necessidade, e não da nostalgia, de viver (BHABHA, 1998, p. 27).

O projeto de um currículo elaborado ou reformado nas escolas quilombolas efetiva-se sob o direcionamento de um determinado discurso curricular que, além de retomar elementos que o precedem direta ou indiretamente, muitas vezes combina distintas tradições e experiências nacionais e locais. Neste movimento, a hibridação implica um processo de tradução que põe essas novas experiências e direções em relação com as que já estavam disponíveis previamente; logo, nos discursos há também sentidos e articulações prévias constitutivas dessa nova textura curricular (DUSSEL, 2002).

No que se refere à identidade, Canclini (2003) destaca que os processos de hibridização relativizam a ideia de identidade. Na visão do autor, estudos que consideram processos de hibridação, evidenciam não ser possível falar de identidades como um conjunto de traços fixos, tampouco afirmá-las como essência de uma etnia ou de uma nação. Assim, conforme Canclini (2003), não basta dizer que não há identidades caracterizadas por essências, nem entendê-las como as formas em que as comunidades se imaginam e constroem relatos sobre sua origem e desenvolvimento. As identidades organizadas em conjuntos históricos, mais ou menos estáveis (etnia, nações, classes) reestruturam-se em meio de conjuntos interétnicos, transclassistas e transnacionais.

Nessa perspectiva, Hall (2003) ao sinalizar o crescente reconhecimento da diáspora das identidades negras, demonstra sua configuração por processos que desacomodam, recombinam e hibridizam as experiências identitárias, para além, da determinação racial. Para Dussel (2002), os autores Hall (2003) e Bhabha (1998) colocaram em relevo a ambivalência das identidades binárias até então pensadas como homogêneas e orgânicas.

Sobre a categoria de ambivalência, Lopes (2005) aponta que é constituída na própria atividade ordenadora, porém, essa característica não é levada em conta pelo estruturalismo. A ambivalência sinaliza a necessidade de ultrapassar concepções binárias de identidade e de diferença do estruturalismo, dada a simultaneidade das múltiplas categorias do ser. A expressão ambivalência pode ser vista como uma forma de escape da dominação classificatória. Apoiada em Bhabha (1998, p. 163), a autora revela que a ambivalência permite uma forma de subversão: "se os efeitos discriminatórios permitem às autoridades vigiá-los, sua diferença que prolifera escapa àquele olho, escapa àquela vigilância".

No que tange ao currículo, é possível entendê-lo como política e prática cultural, no qual o poder é compreendido como campo de significação, que a partir do diálogo e negociação produzem instabilidade e flexibilidade. Nesse sentido, Hall (1997) argumenta que toda prática social, em seu caráter discursivo, evidencia o quanto as relações de poder e a política são resultados de uma dimensão cultural, onde:

> [...] há práticas políticas que se referem ao controle e ao exercício do poder, da mesma forma que existem práticas econômicas que se referem à produção e distribuição dos bens e da riqueza. Cada uma está sujeita às condições que organizam e regem a vida política e econômica destas sociedades. Agora, o poder político tem efeitos materiais muito reais e palpáveis. Contudo, seu verdadeiro funcionamento depende da forma como as pessoas definem politicamente as situações (HALL, 1997, p. 12).

O currículo está implicado em relações de poder, ele transmite visões de mundo particulares e interessadas, produz identidades. O currículo tem um passado que está atrelado à organização da sociedade, ao modo de ser e perceber o universo presente na constituição de cada espaço social.

Por outro lado, cabe ressaltar que qualquer conceituação de currículo, é comprometida com algum tipo de poder, pois não existe neutralidade no currículo, nem é o veículo de ideologia, da filosofia e da intencionalidade educacional.

> O currículo é uma práxis antes que um objeto estático emanado de um modelo coerente de pensar a educação ou as aprendizagens necessárias das crianças e dos jovens. É uma prática, expressão, da função socializadora e cultural que determinada instituição tem, que reagrupa em torno dele uma série de subsistemas ou práticas diversas, entre as quais se encontra a prática pedagógica desenvolvida em instituições escolares que comumente chamamos de ensino. O currículo é uma prática na qual se estabelece diálogo, por assim dizer, entre agentes sociais, elementos técnicos, alunos que reagem frente a ele, professores que o modelam (SACRISTÁN, 2000, p. 15-16).

Nesse sentido, é urgente considerar na organização curricular os saberes locais e não científicos, a este respeito Martins (2004) nos adverte que,

> No currículo descontextualizado não importa se há saberes; se há dores e delícias; se há alegrias e belezas. A educação que continua sendo "enviada" por esta narrativa hegemônica, se esconde por traz de uma desculpa de universalidade dos conhecimentos que professa, e sequer pergunta a si própria sobre seus próprios enunciados, sobre seus próprios termos, sobre porque tais palavras e não outras, porque tais conceitos e não outros, porque tais autores, tais obras e não outras. Esta narrativa não se pergunta sobre os próprios preconceitos que distribui como sendo seus "universais" (MARTINS, 2004, p. 31-32).

Disso emerge a necessidade de discutir currículo, como tempo/espaço escolar, estruturados como um repertório para o percurso educativo; percurso construído pelas experiências, atividades, conteúdos, métodos, forma e meios empregados para cumprir os "fins da educação". Fins que são definidos (implícita ou explicitamente) pelos interesses dos grupos hegemônicos. Contudo, neste mesmo espaço pensado para controlar, as pessoas envolvidas no processo (professores, alunos, comunidade), por vezes, vão forçando a inclusão dos interesses, aspectos de sua cultura, o que possibilita um embate político-pedagógico.

Assim para Apple (1995),

> O currículo nunca é apenas um conjunto neutro de conhecimentos, que de algum modo aparece nos textos e nas salas de aula de uma nação. Ele é sempre parte de uma tradição seletiva, resultado da seleção de alguém, da visão de algum grupo acerca do que seja conhecimento legítimo. É produto das tensões, conflitos e concessões culturais, políticas e econômicas que organizam e desorganizam um povo (APPLE, 1995, p. 59).

De tal forma, observa-se que o currículo se insere no jogo de poder, no exercício político dos sujeitos sociais. Segundo Silva (1996),

> O currículo é um dos locais privilegiados onde se entrecruzam saber e poder, representação e domínio, discurso e

regulação. É também no currículo que se condensam relações de poder que são cruciais para o processo de formação de subjetividades sociais. Em suma, currículo, poder e identidades sociais estão mutuamente implicados. O currículo corporifica relações sociais (SILVA, 1996, p. 23).

Em outra acepção, é viável destacar que o currículo constitui o elemento central do projeto pedagógico, pois ele viabiliza o processo de ensino aprendizagem. Contribuindo com esta análise Sacristán (1999), afirma que,

> O currículo é a ligação entre a cultura e a sociedade exterior à escola e à educação; entre o conhecimento e cultura herdados e a aprendizagem dos alunos; entre a teoria (ideias, suposições e aspirações) e a prática possível, dadas determinadas condições (SACRISTÁN, 1999, p. 61).

Diante de um mundo cada vez mais complexo estima-se a reflexão de uma forma radical, radical no sentido atribuído por Saviani (1994, p. 24) que assim define, "é preciso que se vá até às raízes da questão, até seus fundamentos. Em outras palavras, exige-se que se opere uma reflexão em profundidade."

Neste sentido, é possível perceber o currículo como um campo político-pedagógico no qual as diversas relações – entre os sujeitos, conhecimento e realidade constroem novos saberes e reconstroem-se a partir dos saberes produzidos. Neste processo dinâmico e dialético, a realidade é o chão sobre o qual o educador e educando constroem seus processos de aprendizagens. Apreendendo a realidade e aprendendo com esta para transformá-la. Segundo Paulo Freire (1996):

> A capacidade de aprender, não apenas para nos adaptar, mas, sobretudo para transformar a realidade, para nela intervir, recriando-a, fala de nossa educabilidade [...]. Esta capacidade implica a nossa habilidade de apreender a substantividade do objeto aprendido [...]. Mulheres e homens, somos os únicos seres que, social e historicamente, nos tornamos capazes de apreender. Por isso, somos os únicos em quem aprender é uma aventura criadora, algo, por isso

mesmo, muito mais rico do que meramente repetir a lição dada (FREIRE, 1996, p. 68-70).

Assim, a realidade não é um elemento externo à prática educativa, mas um elemento constituinte ao processo pedagógico. São as condições objetivas e subjetivas de sobrevivência, convivência e transcendência que mediam, orientam e constituem-se em experiências e conhecimentos a serem desvendados, apreendidos, assimilados, ensinados e reelaborados.

Entende-se então, que o currículo como componente pedagógico significativo, deve ser elaborado e implementado a partir das necessidades concretas, que a realidade (social, econômica, política e cultural) propõe como desafios e necessidades históricas (situadas num determinado tempo e lugar). O processo de escuta da realidade inclui a fala, os interesses e o "lugar" dos sujeitos que dela emergem como sujeitos aprendizes. O currículo sob este olhar permite afirmar que os alunos não abandonam suas identidades culturais para aprender.

Segundo Torres Santomé (1995), as culturas ou vozes dos grupos sociais minoritários e/ou marginalizados que não dispõem de estruturas de poder, costumam ser excluídas das salas de aula, chegando mesmo a serem deformadas ou estereotipadas para que se dificultem (ou de fato se anulem) suas possibilidades de reação, de luta e de afirmação de direitos.

O currículo, a cultura e a identidade estão entrelaçados na dinâmica do espaço escolar, e podem ser entendidos como dimensões de convergência, negociação, interesses específicos, jogo de forças de diferentes grupos sociais, visto que,

> [...] a cultura não é uma prática; nem apenas a soma descritiva dos costumes e 'culturas populares [folkways]' das sociedades [...] está perpassada por todas as práticas sociais e constitui a soma do inter-relacionamento das mesmas [...] dentro ou subjacente a todas as demais práticas sociais (HALL, 2003, p. 136).

Em outra acepção, Giroux (2003, p. 112), fundamentando-se em Bhabha, explicita sua compreensão de cultura como capital político, ao concebê-la como o "terreno da política, um lugar onde o poder é produzido e disputado, empregado e contestado, e compreendido não apenas em termos de dominação, mas de negociação".

Hall (1997) refere-se à cultura afirmando que esta realmente realiza transformações na vida dos indivíduos em âmbito local e no próprio cotidiano, isto se dá mediante os impactos oriundos dos processos de globalização, cujo diálogo é fortemente marcado pela ambiguidade. Sob esta direção, o autor descreve que a:

> [...] a cultura penetra em cada recanto da vida social contemporânea, fazendo proliferar ambientes secundários, *mediando* tudo. A cultura está presente nas vozes e imagens incorpóreas que nos interpelam das telas, nos postos de gasolina. Ela é um elemento-chave no modo como o meio ambiente doméstico é atrelado, pelo consumo, às tendências e modas mundiais. É trazida para dentro de nossos lares através dos esportes e das revistas esportivas, que frequentemente vendem uma imagem de íntima associação ao "lugar" e ao local através da cultura do futebol contemporâneo. Elas mostram uma curiosa nostalgia em relação a uma "comunidade imaginada", na verdade, uma nostalgia das culturas vividas de importantes "locais" que foram profundamente transformadas, senão totalmente destruídas pela mudança econômica e pelo declínio industrial (HALL, 1997, p. 22).

Ainda conforme o autor, a cultura passou a ser vista como recurso, uma possibilidade de instituir uma política de mudança. A cultura deixou de ser central, hoje é também um objeto de conveniência, e essa mudança ocorreu no momento em que a percepção acerca da cultura foi assumida como espaço onde as pessoas se sentem pertencentes, participantes e seguras. Nesse sentido, o pertencimento faz da cultura uma constante reinvenção, que por sua vez, faz do currículo um terreno de disputas, arena onde se trava a produção de identidades, e estas se constroem a partir de significados discursivamente inventados, e acolhidos como verdadeiros. Tais significados resultam das intrincadas relações de poder, presentes no currículo.

Na concepção de Geertz (1989, p. 103), a cultura é um:

> Padrão de significados transmitidos historicamente, incorporado em símbolos, um sistema concepções herdadas expressas em formas simbólicas por meio das quais os homens se comunicam, perpetuam e desenvolvem seu conhecimento em relação à vida.

É por meio de sua cultura que o homem define seu mundo; para ele, cultura enquanto estrutura, sobre a qual as ações humanas se baseiam, é fundamental para compreender os conflitos entre grupos heterogêneos convivendo em determinado espaço. Aqui é possível uma aproximação com o pensamento de Bhabha (2013) sobre o conceito de entre-lugares, que fornecem terreno para a elaboração de estratégias de subjetivação, seja individual ou coletiva, que dão início a novos signos de identidade e postos inovadores de colaboração e contestação, no ato de definir a própria ideia de sociedade.

Segundo Bhahba (2013), o processo de produção da identidade, implica uma imitação performativa nas fronteiras da diferença que ocorre tanto por meio da repetição de performances miméticas do outro como pela insistência na diferença relativa ao outro. Esses processos de encontros de fronteiras geram formações culturais híbridas que são, assim, *efeito* do discurso e não precursor ou gerador dele. Conforme ele, o ato de enunciar envolve relações de poder, que ao sentido via discurso, também busca construir práticas de dominação e emolduração de identidades,

> [...] o lugar da diferença cultural pode tornar-se mero fantasma de uma terrível batalha disciplinar na qual ela própria não terá espaço ou poder. O déspota turco de Montesquieu, o Japão de Barthes, a China de Kristeva, os índios nhambiquara de Derrida, os pagãos de Cashinahua de Lyotard, todos são parte desta estratégia de contenção onde o outro texto continua sempre sendo o horizonte exegético da diferença, nunca o agente ativo de articulação. O outro é citado, mencionado, emoldurado, iluminado,

> encaixado na estratégia de imagem-contra-imagem de um esclarecimento serial. A narrativa e a política cultural da diferença tornam-se o círculo fechado da interpretação. O outro perde o seu poder de significar, de negar, de iniciar seu desejo histórico, de estabelecer seu próprio discurso institucional e oposicional. Embora o conteúdo de outra cultura possa ser conhecido de forma impecável, embora ela seja representada de forma etnocêntrica, é o seu local enquanto fechamento das grandes teorias, a exigência de que, em termos analíticos, ela seja sempre o bom objeto de conhecimento, o dócil corpo da diferença, que reproduz uma relação de dominação e que é a condenação mais séria dos poderes institucionais da teoria crítica (BHABHA, 2013, p. 59).

Na concepção de Hall (2004, p. 110), é nos processos antagônicos que as identidades são construídas, e esse oposto é necessário a existência do sujeito.

> [...] as identidades são construídas por meio da diferença e não fora dela. Isso implica o reconhecimento radicalmente perturbador de que é apenas por meio da relação com o Outro, da relação com aquilo que não é, com precisamente aquilo que falta, com aquilo que tem sido chamado de seu exterior constitutivo, que o significado positivo de qualquer termo – e assim sua identidade – pode ser construído (HALL, 2004, p. 110).

O espaço escolar resulta de estratégias ambivalentes de posições e oposições, que elaboram o discurso do "outro". A cadeia de significação estereotipada é múltipla, nefasta e demarca nitidamente o diferente, como também entalha o "outro" conforme a sua lógica colonial. Para Bhabha (2013), a prática do estereótipo é complexa e perversa, principalmente pelo seu caráter de fixidez e de negação do jogo da diferença que impede a circulação e a articulação das representações sociais do sujeito.

Dessa forma, poder-se-ia pensar na construção de um currículo quilombola pautada na busca por reconhecer no diálogo e no hibridismo a negociação, nessa negociação é possível conceber o currículo como um entre-lugar, que ultrapassa a visão comum da tolerância e diversidade que compõem várias propostas curriculares.

> A tolerância para com o outro, sutil e astutamente, reafirma a inferioridade do outro, com intenções de abolir de vez a alteridade aí insurgente. De uma certa forma, o que temos, através da in/tolerância, é um horror às misturas, um horror às ambivalências. A tragédia dessa situação para a era moderna é que a própria atividade ordenadora/ classificadora, fundamento da lógica desta época, se constrói como ambivalência. Construímos, assim, o medo horripilante da "infusão da bruxa", misturas que só "ela" entende – misturas em excesso, diriam alguns; misturas desconhecidas, diriam outros (SCHÄFFER, 2002, p. 11).

A diferença interpretada pelo viés da diversidade pode ser entendida também como uma forma de domesticação, visto que, produz uma ilusão de harmonia pluralista inclinada para o consenso. Conforme Bhabha (2013),

> [...] a diversidade cultural é um objeto epistemológico – a cultura como objeto de conhecimento empírico – enquanto a diferença cultural é o processo de enunciação da cultura como 'conhecível', legítimo, adequado à construção de sistemas de identificação cultural. Se a diversidade é uma categoria da ética, estética ou etnologia comparativas, a diferença cultural **é um processo de significação** através do qual afirmações da cultura ou sobre a cultura diferenciam, discriminam e autorizam a produção de campos de força, referência, aplicabilidade e capacidade (BHABHA, 1998, p. 63).

A conexão entre currículo e cultura evidencia a necessidade das culturas historicamente negligenciadas, interagirem com os conteúdos universais produzidos pela humanidade. Na concepção de Moreira e Candau (2008, p. 42), "[...] os produtos culturais à nossa volta nada têm de ingênuos ou puros, ao contrário, incorporam intenções de apoiar, preservar ou produzir situações que favoreçam certos grupos e outros não". Estes artefatos têm o papel de produzir as identidades dos estudantes.

Em nossa sociedade, notadamente capitalista, a seleção dos conteúdos é marcada pelas relações de poder, estabelecidas entre escola e sociedade, e também no interior da escola, que tem força nessa arena, dá as cartas do jogo. Dito de outra forma, os conteúdos que predominam nos currículos escolares mostram a supremacia da hegemonia do capital. Para Moreira e Candau (2008, p. 28), o currículo é "um conjunto de práticas que propiciam a produção, a circulação e o consumo de significados no espaço social e que contribuem, intensamente, para a construção de identidades sociais e culturais". Assim, a identidade está ligada ao conhecimento veiculado no currículo escolar, que por vez está diretamente atrelado à seleção e à cultura.

Por sua vez, Bhabha (1998) defende um novo conceito de cultura, considerado enquanto "verbo" e não mais como "substantivo". Para o autor, a cultura precisa ser pensada como ação híbrida, dinâmica, transnacional – pois assim irá gerar o trânsito de experiências entre nações e criar novos significados para símbolos culturais. Dentro da teorização pós-colonial, o lócus passa ser o da enunciação – ser de, vir de e estar em –, o que possibilita pensar a cultura como entre-lugar de vozes silenciadas, discriminadas e estereotipadas em diálogo com os demais sujeitos presentes nos espaços de poder; mas um poder que não é mais definido como única via de força e sim como lugar de negociação e de ambivalência das diferentes formas que nós criamos para aprender a lidar com ele (BHABHA, 1998).

O processo relacional da diferença também está vinculado a esse novo significado de cultura, que se afasta de uma matriz teórica que a considera tradicional, fixa e reprodutiva, mas, que entente cultura como movimento e parcialidade. Como explicita Hall (2003):

> A cultura não é apenas uma viagem de redescoberta, uma viagem de retorno. Não é uma "arqueologia". A cultura é uma produção. Tem sua matéria-prima, seus recursos, seu

"trabalho produtivo". Depende de um conhecimento da tradição enquanto "o mesmo em mutação" e de um conjunto efetivo de genealogias. Mas o que esse "desvio através de seus passados" faz é nos capacitar através da cultura a nos produzir a nós mesmos de novo, como novos tipos de sujeitos. Portanto, não é uma questão do que as tradições fazem de nós, mas daquilo que nós fazemos das nossas tradições. Paradoxalmente, nossas identidades culturais, em qualquer forma acabada, estão à nossa frente. Estamos sempre em processo de formação cultural. A cultura não é uma questão de ontologia, de ser, mas de se tornar (HALL, 2003, p. 44).

No que se refere à centralidade da cultura e reterritorialização de identidade, Hall destaca que a centralidade da cultura gera transformações na vida local e cotidiana, como dito alhures, sob o impacto das sociedades globais, que, em diálogo com os contextos locais, reterritorializam as identidades de forma ambivalente e ambígua.

Na escola, existem "tradicionalmente" dois tipos de currículos, sendo: um dito oficial por reunir conhecimentos que "devem" compor a aprendizagem dos estudantes. De acordo com a tradição escolar, esses conhecimentos são legítimos e legitimados, que por meio das relações de poder e do discurso tornam-se verdades "absolutas". E o outro, busca imprimir nos estudantes modos de ser, de comportar-se, de assumir hábitos e valores considerados desejáveis pela cultura hegemônica, mas, ambas as formas de funcionamento do currículo estão ligadas a "tradição", buscam autenticidade nas origens históricas, procuram moldar o imaginário, assim como "conferir significados às nossas vidas e dar sentido à nossa história" (HALL, 2003, p. 29).

Na negociação das duas práticas curriculares, é possível perceber que impera uma lógica de manutenção do modo de ser hegemônico, uma supremacia da cultura do grupo que naquele momento detém o controle sobre a produção de significados culturais, em sua maioria prescritos pelo discurso dominante, que estabelece posições de sujeitos.

Macedo (2006) ao definir o currículo como produção cultural, destaca que,

> [...] o currículo seria um espaço-tempo de interação entre culturas. Usando a terminologia de nossas coleções modernas, em que as culturas são vistas como repertórios partilhados de sentidos, poderíamos enumerar um sem número de culturas presentes no currículo. Desde o que chamaríamos de princípios do Iluminismo, do mercado, da cultura de massa até repertórios culturais diversos, dentre os quais frequentemente destacamos culturas locais. Mas estar na fronteira significa desconfiar dessas coleções e viver no limiar entre as culturas, um lugar-tempo em que o hibridismo é a marca e em que não há significados puros (MACEDO, 2006, p. 106).

Assim sendo, podemos entender o currículo como processo político, marcado por relações, seleção de saberes e conhecimentos, pode-se perceber que os discursos dominantes constituem-se também em possibilidade para o encontro de "fronteiras enunciativas de uma gama de outras vozes e histórias dissonantes, até dissidentes – mulheres, colonizados, grupos minoritários, os portadores de sexualidades policiadas" (BHABHA, 2013, p. 24). Todavia, falar de um currículo a partir da visão de grupos historicamente subalternizados, quando negados e silenciados, demanda repensar, rearticular e reescrever a prática pedagógica. Implica refletir sobre esses sujeitos cujas identidades são produzidas no deslizamento e na negociação.

Sobre as mudanças políticas e transformação da mente humana, Pratt (1999) destaca que a experiência ensinou que por si mesma as experiências políticas não produzem efeitos na mente humana, nem tampouco transformam os sistemas de valores e hierarquias. Entretanto,

> [...] elas criam condições nas quais novas formas de subjetividade e consciência poderão ser procuradas. A descolonização política não produz automaticamente [...] "a descolonização da mente". Longe disto, as mais antigas ex-colonias europeias nas Américas lutam até hoje com seus

legados coloniais. Os Estados Unidos, um poder imperial, continuam infectados por uma imaginação colonizada. Em várias disciplinas acadêmicas, o eurocentrismo ainda persiste como um reflexo intelectual tanto natural quanto inconsciente, e a autoridade intelectual e recursos educacionais continuam sendo distribuídos por linhas coloniais. [...] A descolonização do conhecimento e da mente é uma tarefa incrível na qual intelectuais e artistas devem permanecer como colaboradores vitais durante várias gerações (PRATT, 1999, p. 16).

Nesse sentido, a construção de uma proposta curricular que considera o modo de ser e ver o mundo das comunidades quilombolas requer a descolonização da mentalidade. Maclaren (1997) defende que uma proposta curricular se faz por meio da afirmação das vozes dos oprimidos e dos marginalizados e que ao se focalizar superficialmente a diversidade, pode-se estar reforçando o discurso dos privilegiados.

A reforma curricular precisa reconhecer a importância de espaços de encorajamento para a multiplicidade de vozes em nossas salas de aula e de se criar uma pedagogia dialógica na qual as pessoas vejam a si e aos outros como sujeitos e não como objetos. Quando isso ocorre os estudantes tendem a participar da história, em vez de tornarem-se suas vítimas (MACLAREN, 1997, p. 145).

Na concepção de Giroux (1993, p. 53), "precisamos de teorias que expressem e articulem a diferença, mas precisamos também compreender como as relações nas quais as diferenças são constituídas e operam como parte de um conjunto mais amplo de práticas sociais, políticas e culturais". Nessa mesma linha de pensamento, Souza Santos (1996) defende a necessidade uma proposta curricular que recupere a capacidade de indignação e espanto do ser humano, no intuito de formar pessoas menos conformadas, capazes de se rebelar contra o currículo hegemônico.

As etnias negras e culturas negras estão na escola, porém à margem da cultura eurocêntrica, ainda dominante. Assim, o currículo escolar invalida a voz e cultura da população negra, visto que o modelo do imperialismo cultural,

> [...] não reconhece outro tipo de relações entre culturas senão a hierarquização segundo critérios que são tidos como universais ainda que sejam específicos de um só universo cultural, a cultura ocidental. [...] Compete, antes de mais nada, ao campo pedagógico emancipatório criar imagens desestabilizadoras deste tipo de relacionamento entre culturas, imagens criadas a partir das culturas dominadas e da marginalização, opressão e silenciamento a que são sujeitas e, com elas, os grupos sociais que são seus titulares (SOUZA SANTOS, 1996, p. 30).

Na perspectiva de Santomé (1998), um currículo democrático, precisa oferecer possibilidades para todas as manifestações culturais, afim de que os estudantes compreendem a "história, a tradição e a idiossincrasia". Ele destaca que,

> Sem dúvida, a reflexão sobre o verdadeiro significado das diferentes culturas das raças ou etnias é uma das mais importantes lacunas existentes hoje em dia. Em momentos problemáticos como o atual, no qual raças ou etnias diferentes tratam de compartilhar ou utilizar um mesmo território, este vácuo torna-se evidente. A instituição escolar também é o lugar no qual a carência de experiências e reflexões sobre educação anti-racista e programas plurilinguistas é notada de maneira mais visível. [...] A predominância de visões e/ou silenciamentos da realidade através de estratégias como as mencionadas contribuem para configurar mentalidades etnocêntricas que tendem a explicar tudo recorrendo a comparações hierarquizadas ou a dicotomias exclusivas entre "bom" e "mau" (SANTOMÉ, 1998, p. 137).

O currículo escolar é permeado por relações de poder, disputas, conflitos, e negociações, entretanto,

> É necessário aceitarmos que as pessoas que interagem como o [com o currículo escolar, com a escola] têm interesses, visões de mundo e culturas diferentes e nenhum de nós tem o monopólio da verdade, da inteligência e da beleza.

Assim, para que todos façam concessões e tenham ao menos parte dos seus interesses e valores comtemplados no espaço do [currículo] são necessárias negociações permanentes (PRAXEDES, 2005, p. 123).

Por sua vez, Arroyo (1996) também destaca que o movimento social e cultural, cada dia mais dinâmico e diverso, faz-se presente em nossa sociedade e nas escolas, o que se constitui num desafio à nossa prática pedagógica e profissional, o autor convoca os educadores a:

> Reconhecer e estar atentos à diversidade de contextos de aprendizagens, estar atentos às trajetórias humanas, sociais de cada educando e de cada coletivo racial, social, porém não interpretaremos essa diversidade como aluno-problema, como lentos, burrinhos, ignorantes, menos capazes de aprendizagens e de formação. Que deem conta do trato perverso dado por séculos a determinados coletivos sociais. [...] Agrupamentos afirmativos de igualdade. Democráticos, nunca segregadores [...] Por aí a escola se torna mais democrática. Mais pública (ARROYO, 2005, p. 364).

Nesta mesma direção, pode-se mencionar Santomé (1998), que alerta para o fato de que não é suficiente a dedicação de um dia por ano para se trabalhar contra os preconceitos raciais e a marginalização, pois segundo o autor:

> Um currículo democrático e respeitador de todas as culturas é aquele no qual estão presentes estas problemáticas durante todo o curso escolar, todos os dias, em todas as tarefas acadêmicas e em todos os recursos didáticos. Um currículo antidiscriminação tem de propiciar a reconstrução da história e da cultura dos grupos e povos silenciados (SANTOMÉ, 1998, p. 151).

Trata-se de um alerta para que o trato com a diversidade cultural não se limite a questões da historicidade, rituais e costumes, enquanto meras representações. Trata-se da necessidade de não se abster da realidade concreta mediante discussões contextualizadas nas dimensões temporais e espaciais.

Nesse sentido, é imperiosa a construção de uma proposta curricular que articule identidade e cultura quilombola no interior da escola. Um currículo que promova a formação crítica, reflexiva, e emancipadora dos estudantes quilombolas. Um projeto curricular lastrado pela coerência político-pedagógica entre os conteúdos escolares e a realidade histórica-social e cultural das Comunidades Quilombolas. A construção desse currículo perpassa pela compreensão, debate, e enfrentamento dos desafios ligados às demarcações dos territórios quilombolas; a preservação do meio ambiente; o respeito ao modo de vida dos sujeitos quilombolas; a defesa dos direitos desses trabalhadores/as do campo.

CAPÍTULO IV
SABERES TRADICIONAIS PRESENTES NAS COMUNIDADES QUILOMBOLAS E O CURRÍCULO ESCOLAR:
possíveis conexões

O objetivo deste capítulo é investigar as relações entre os saberes tradicionais e o currículo em escolas quilombolas do Paraná. Para isso, analisam-se as situações concretas, a percepção dos docentes e das lideranças quilombolas sobre a possibilidade de um currículo escolar conectado aos distintos modos de ser e estar dessa comunidade no mundo. As reflexões críticas desencadeadas a partir do olhar das lideranças quilombolas e dos docentes são estabelecidas no sentido de extrair lições que possibilitem a construção de um currículo quilombola capaz de estabelecer relações com os conhecimentos tradicionais destas comunidades.

Como dito anteriormente, a pesquisa foi encaminhada a partir de indagações sobre como os conhecimentos e experiências históricas e socioculturais das comunidades quilombolas estejam ou não legitimados no currículo das escolas destes grupos. Nesse sentido, e para compreender melhor como o currículo da escola quilombola dialoga com o universo da comunidade, é que se procedeu a análise a seguir.

Primeiramente, ocorreu a realização de onze entrevistas contemplando lideranças quilombolas e docentes dos estabelecimentos de ensino, conforme se apresenta no quadro abaixo:

Quadro 5 – Sujeitos envolvidos na pesquisa

Colégio Estadual Quilombola João Sura	Colégio Estadual Quilombola Maria Joana Ferreira
03 líderes da CRQ João Sura – Município de Adrianópolis – PR	02 líderes da CRQ Maria Joana Ferreira – Município de Palmas – PR
03 professores atuantes do Colégio João Sura	03 professores atuantes do Colégio Maria Joana

O roteiro de entrevista aplicado para a coleta de dados foi elaborado com questões específicas para os sujeitos da pesquisa, quais sejam: lideranças quilombolas e professores(as) de cada estabelecimento de ensino.

Quadro 6 – Roteiro de entrevistas

Entrevistas para as lideranças das comunidades	Entrevistas para os professores
1. De quem é a Escola?	1. Como é trabalhar em uma escola quilombola? O que diferencia esta escola em relação às demais escolas?
2. O que você espera da escola?	2. Quais as ações pedagógicas (curriculares) que você planeja na perspectiva de possibilitar a afirmação da identidade quilombola na escola?
3. O que a escola representa para você?	3. Que estratégias metodológicas você utiliza entre as suas práticas pedagógicas com os elementos históricos e socioculturais da Comunidade Quilombola?
4. A escola que a Comunidade tem é a escola desejada por essa Comunidade?	4. Você considera importante a existência de uma escola quilombola?
5. Conte a história do quilombo antes do trabalho realizado pelo Grupo de Trabalho Clóvis Moura (GTCM) e após esse trabalho.	5. Você conhece as representações e expectativas que a Comunidade atribui à escola quilombola?
5.1. Após o trabalho do GTCM, você consegue identificar modificações no modo de vida e organização da Comunidade?	
6. O que é ser quilombola para você?	

4.1 A percepção das lideranças quilombolas sobre a possibilidade de um currículo escolar conectado aos distintos modos de ser e estar no mundo

Levando-se em consideração que a identidade dos sujeitos participantes da pesquisa e suas respectivas instituições merecem ser preservadas, a pesquisa utilizou o sistema de siglas (***L1, L2, L3***) para indicar as lideranças; (***CA*** e ***CB***) para nominar as comunidades e (***P1, P2 e P3***) para representar os professores.

Na indagação sobre *de quem é a escola, as* respostas das lideranças quilombolas tanto da *comunidade A* quanto da *comunidade B*, demonstram uma compreensão muito coesa de que a escola é da comunidade quilombola. Esta é um símbolo concreto de uma trajetória de luta pelo acesso à educação escolar dentro do quilombo. O Estado é mencionado como parceiro, mas a ênfase é sempre no protagonismo da comunidade quilombola, na conjunção de forças para alterar um mecanismo de exclusão estrutural, qual seja a negação do acesso à educação escolar situar-se próxima da residência dos estudantes.

A afirmação contundente das lideranças de *que a escola pertence à comunidade* explicita a arte da resistência e o poder de negociação numa sociedade que por muitos séculos os manteve invisíveis e destituídos de direitos fundamentais à dignidade humana. Nas palavras da uma liderança quilombola (***L1CB***), "*a escola é da comunidade, não é minha é da comunidade*", a ênfase no coletivo remete à ideia de que a comunidade tem condições de alterar sua realidade, de transpor a condição de ser meramente expectadora das ações de subalternidade e dominação.

A comunidade quilombola rompe com o silêncio historicamente imposto, como diz Bruni (2006, p. 35) "silêncio que é a marca mais forte da impossibilidade de se considerar sujeito aquele a quem a fala é de antemão desfigurada ou negada". A quebra desse silêncio é concomitante à capacidade de provocar fraturas nos discursos engessados e dogmáticos sobre grupos minoritários, nos quais imperam práticas e expressões de descaracterização e inferiorização do modo de vida diferente dos padrões eleitos como normais, portanto, desejáveis.

O Estado aparece ocupando um papel importante, mas secundário, visto que a construção de um estabelecimento de ensino é resultado de um movimento de articulação e mobilização da comunidade quilombola. Conforme as falas das lideranças:

> *A escola que está aqui nessa comunidade [...] é nossa da comunidade Quilombola [...], com parceria do Governo do Estado, nessa construção da escola foi uma demanda que a comunidade trabalhou muito [...].* (***L1CA***).

> *A escola é da comunidade, porque foi uma luta da comunidade, mais não pode deixar o Estado de lado, porque o Estado sempre foi nosso parceiro pra que essa escola fosse, tivesse hoje né funcionando [...].* (***L2CB***).

> *A escola aqui é da comunidade, dos pais, dos alunos do geral.* (***L3CA***).

> *A escola é nossa né, foi feito pra nóis a escola, os alunos aqui era difícil pra estudar então graças a Deus a gente conseguiu essa escola, então a gente tem ela como nossa, que ela permaneç*a. (***L2CA***).

Percebe-se que a comunidade assume a escola com um sentimento de orgulho balizado pelo empenho coletivo *"mais eu digo que foi uma luta através da comunidade e sinto a escola é da comunidade né, foi uma vitória pra comunidade"* (***L2CB***).

A justificativa para uma escola funcionando dentro da comunidade Quilombola é defendida por (***L1CA***) da seguinte maneira:

> *[...] ela [escola] **traz um carácter** assim pra trabalhar a nossa cultura que o nosso dia a dia, também trabalhar aquelas coisas, a valorização da família, do que vem se trabalhando tradicionalmente trazido dos pais, mães, dos avós junto com as crianças isso faz com que **as crianças não se percam, não percam a raiz**, então pra nós esse colégio ele é um colégio que assim, é nosso da nossa comunidade* [grifos nossos].

Para além do significado comumente usado, a palavra *caráter* nesse contexto, assume uma importante dimensão simbólica, pois, no seu sentido etimológico caráter vem do grego KHARAKTER, e significa marca gravada, sulcada, metaforicamente marca, impressão ou símbolo na alma, qualidade que a define, de KHARASSEIN, gravar.

Nesse contexto, o papel da escola quilombola é apontado pela liderança, como uma marca profunda, quando destaca os valores familiares, a manutenção das tradições e, sobretudo, a preocupação com a manutenção dos marcos ancestrais *"que as crianças não se percam, não percam a raiz"*. Considerando-se a compressão da liderança, o ensino na escola quilombola tem como premissa fazer deste o principal componente pedagógico, e nesse caso, os conteúdos não estão nos materiais didáticos impressos, e sim nas práticas cotidianas da comunidade quilombola, na oralidade e nas memórias.

A indagação acerca de quem é a escola, demonstra um fenômeno nítido de empoderamento da comunidade quilombola *"a escola é nossa, é da comunidade"*. O conceito de empoderamento foi ressignificado por muitos movimentos sociais, fundamentalmente os movimentos feministas e o movimento social negro, que se apropriam desse conceito como uma bandeira de luta contestação e luta pela igualdade social.

Nesse sentido, utilizou-se o conceito de empoderamento cunhado por Alvarez *apud* Amaral (2010), para o qual este termo define:

> [...] un proceso mediante el cual los individuos obtienen control de sus decisiones y acciones; expresan sus necesidades y se movilizan para obtener mayor acción política, social y cultural para responder a sus necesidades, a la vez que se involucran en la toma de e decisiones. Hace referencia al proceso de autodeterminación por el cual las personas, las comunidades, ganan control sobre su propio camino de vida. Se trata de un proceso: 1º de concienciación (tomar conciencia de todos los factores que influyen sobre la vida de las personas), 2º de liberación (ganar poder de

> decisión sobre su propio destino). [...] el poder no se puede dar. Lo que se puede dar es: poder de decisión a través de leyes, educación útil, condiciones laborales justas e información oportuna. [...] Se trata de asegurar que los que carecen de poder tengan las condiciones básicas para poder empezar a empoderarse y asegurar la existencia de espacios de empoderamiento. Por lo tanto, la creación de las condiciones adecuadas nace: del individuo, de la sociedad civil y del estado (AMARAL, 2010, p. 144).

É possível inferir que as lideranças posicionam a comunidade quilombola no centro de uma questão social que se espraia para outras reivindicações, como titulação de seus territórios, construção de vias de acesso adequadas, saúde etc., e a partir disso há uma invenção no modo de empregar códigos que são próprios da sociedade que os exclui, como uma estratégia de negociar ou mesmo gerar fissuras na lógica dominante.

No que se refere às expectativas que a comunidade nutre em relação à escola, o líder declara,

> Ah eu espero que ela seja **uma escola assim, voltada a nossa realidade aqui né**, que as criança aprendam bem, que os professores **façam os professores que estão dando aula que deem aula com vontade** né, que goste do nosso lugar aqui porque, o que eu acho aqui que tem umas professoras, não tudo elas, mais tem umas dela que gostam muito de nóis, que aqui já tem mais de 3 anos desde o começo tão aqui desde a primeira diretora ela tá aqui conóis né, muitos deles que vão saindo porque precisam sai né, então desse jeito que as pessoas gostam né, que passa a sabedoria pros alunos e também o **governo dá uma miorada nas estrada pra quando eles vim pra cá não sofre muito nas estrada, os professores que corre risco né na estrada, tem os aluno que também tão vindo nessa distância no meio desse mato ai, tem que miorá também as condição desses alunos pra vim pra escola,** a escola pra mim essa escola ai que tá ai, essa escolhinha que digo o prédio ela já formou bastante aluno aqui né, porque antigamente as crianças sofria muito pra ir até na Colônia, que as vezes ia um mês ia uns 15 dias, 20 dia,

as vez tinha mês que nem iam nada estudar dai ia 3 dias até né, muito estuda uns 15 dia no mês e hoje não, hoje as criança tão com a escola aqui eles estão estudando direto né, estudam tudo, **os dias que os professores consegue vim, quando eles não vem é motivo de chuva mesmo né, que dai a estrada tá ruim e dai** não dá pra vim, mais fora disso eles, é bom né assim as criança estudam bem tão ficando inteligente, vou falar bem a verdade a escola de antigamente que as criança estudavam no Porto Velho, não vou dizer que não aprenderam, mais não aprenderam aquele tipo de estudo que era pra eles estuda, que hoje se for pra eles faze um curso lá fora eles arrisca até nem passa porque não conseguiam estudar direito, mais hoje não hoje a escola tá aqui tão ensinando **e eu acho hoje eu to vendo que a escola não tá totalmente voltado pra realidade nossa né, não sei assim eles falaram assim a escola estuda o nosso tipo aqui como que nóis vivemo aqui é difícil né pra escola dá aula do tipo que nóis vivemo aqui né, eu acho a alimentação, porque eu acho que esse ai pra gente pá passa o tipo que nóis vivemo aqui é, nóis quase tem que dá aula né, porque nóis temo que tá explicando pros professores porque os professores que tão dando aula aqui hoje é da cidade** né, professores que estudaram na escola de Adrianópolis que não falava nada da realidade da nossa vida aqui, que a 7 anos atrás ninguém falava em Quilombo, de uns 5 anos pra cá que tá mais falando né, do nosso hábito de alimentar, o tipo que nóis vivemo, a realidade da nossa vida aqui né, porque a escola aqui o dia a dia, acho que os professores vivendo aqui acho que eles tão vivendo conóis o tipo que nóis vivemo aqui, só que pra passa pra escola eu na minha sala de aula que eu estudo ali cá minha professora a gente conversa bastante sobre a nossa realidade, daqui né, as histórias às vezes a gente fica eita hora parado conversando sobre a nossa história pra professora, é nóis conhecemo as histórias do mais velho um pouco do que, algum de nóis dava atenção eu pelo menos dava atenção muito bem porque nós, o irmão mais velho passava pra mim e também tem aluno já de idade que viveu bastante realidade aqui né, que hoje conta na sala de aula bastante coisa, a vida deles como é que foi, como é que era antes e antigamente nossa vida aqui era bem mais difícil né, bem mais difícil e bem mais melhor porque aqui esse mundão inteiro que o senhor vê hoje de terra aqui era tudo nosso né (**L2CA**) [grifos nossos].

A liderança destaca, ainda, a necessidade de a escola contextualizar a realidade da comunidade quilombola, bem como o comprometimento e disposição dos professores em lecionar naquele lugar. Com o deslocamento diário dos professores para chegar até a escola, também reside a esperança de que o poder público forneça condições adequadas de acessibilidade, melhorando as estradas. A liderança reconhece que os professores e alunos estão expostos a riscos, conforme as condições das estradas.

A liderança destaca também que a escola não está totalmente integrada ao modo de vida da comunidade, e que a comunidade explica aos professores sobre seus hábitos, pois ele vem da cidade e, portanto, não estão familiarizados com o jeito de viver da comunidade. A liderança salienta a importância do diálogo da comunidade com os professores, tomando como exemplo as longas conversas que ela própria tem com a professora, enfatiza a importância de conhecer as histórias que foram contadas pelos antepassados e repassadas pelas gerações precedentes. Desse modo, a oralidade na comunidade quilombola constitui-se um instrumento importante na escola, quando aliada à escrita garante preservação da história e cultura afro-brasileira. Pela oralidade, os saberes tradicionais são transmitidos, compartilhados e legitimados. Como no dizer de Vanda Machado (2004, p. 110), a "oralidade que corresponde à natureza de memória, "depósito" de gerações sucessivas, com a mesma força vital em forma de relato, canto, dança, poesia, ritmo e emoção, elaborando a história e a vida cotidiana".

Ainda nessa mesma linha de pensamento, Muniz Sodré (2000, p. 27) faz a seguinte observação:

> [...] é preciso valorizar também outras fontes de sabedoria, eu me refiro à esfera oral, à dimensão oral de pessoas que são lideranças de comunidade, de mais velhos, de mães

de santo, de gente antiga, mas que tem sabedoria. Não tem ciência, mas tem sabedoria. Por que a sabedoria é importante? Porque a sabedoria vem do território, vem da maneira de lidar com o território (2000, SODRÉ, p. 27).

Na concepção da liderança, a alimentação é o elemento primordial para conhecimento do modo de vida comunidade. Em 2006, Andréia Oliveira Sancho Cambuy realizou uma pesquisa sobre o perfil alimentar quilombola, com os dados aferidos na análise conclui que a partir do perfil alimentar foi possível perceber,

> [...] o modo como vivem e pensam o mundo, através da íntima relação que possuem com a natureza, do apego às tradições, do respeito às raízes e à sabedoria dos ancestrais. No entanto, as riquezas culturais referentes à alimentação [...] encontram-se ameaçadas, pois o que se observa é um quadro de "insegurança alimentar" vivida pelos moradores, que vivem em meio à opressão e a pouca capacidade de organização política, enfrentando assim dificuldades para que se mantivessem no território que historicamente ocupavam e que hoje lhes é negado o direito a sua propriedade. Assegurar o acesso ao território significa além de garantir a sobrevivência, manter vivos na memória os acontecimentos históricos e as práticas sociais, como os hábitos alimentares, que afirmam a identidade deste grupo (CAMBUY, 2006, p. 51).

Ainda no que se refere às expectativas que a comunidade nutre em relação à escola, percebe-se o desejo de transformação a partir desta, como (**L2CA**) *argumenta "então nós esperamos que esse colégio, ele seja pra nós assim um transformador das nossas vidas, da nossa comunidade"*. Conforme Freire (1997), se por um lado a Escola não pode ser a única responsável pelas transformações na sociedade, por outro precisa reconhecer que sem ela, estas transformações não ocorrerão.

A liderança quilombola acima referida, também destaca as carências estruturais e pedagógicas que afetam a escola.

[...] a gente ainda espera que o governo atenda a nossa necessidade, [...] vamos cobrar que seja cada vez mais melhor, porque o estudo, por exemplo, do ensino médio, nós sentimos uma grande carência [...] que falta mais conteúdo pra trabalhar, porque tem muita falta de professores nas salas de aula, devido à questão de transporte, tem mais problema de qualificação de professores (**L1CA**).

Esta situação reflete um Estado mínimo e omisso, e uma escola submetida e resignada diante disso, professores não habilitados, instituições formadoras, que, na realidade, não formam ou formaram professores com domínio didático/pedagógico na temática alusiva à educação escolar quilombola e à Lei 10.639/2003.

A construção da escola na comunidade e a falta de condições adequadas para seu funcionamento podem ser compreendidas pela reflexão de Martins (1997) sobre exclusão. Para o autor não existe exclusão pura, e sim processos precários e perversos de inclusão social. Ainda segundo ele, o uso comum do conceito de exclusão social sem acompanhar a problematização, pode conformar o entendimento de que os sujeitos excluídos do acesso a diversos direitos (à educação escolar, à posse da terra, à saúde, ao trabalho e à renda, dentre outros). Encontram-se marginalizados, alheios e fora da sociedade capitalista, ocultando inclusive seu histórico protagonismo como sujeitos coletivos de interação, resistência, adesão ou de negação a esse modelo de organização social e econômica.

Ainda na fala de (**L1CA**), reside nisso a expectativa de que o colégio trabalhe com empenho e responsabilidade, com foco na qualidade do ensino para os cidadãos (estudantes quilombolas), "[...] *de fato ele [colégio] trabalha assim com todo o empenho e com muita responsabilidade de fazer com que esses cidadãos possam ter um estudo de qualidade*".

A palavra "qualidade" é amplamente utilizada na defesa do ensino público, porém o fervor discursivo não se efetiva da mesma maneira na prática. A bandeira de luta daqueles que planejam e administram a educação pública sempre tem como discurso fundante "a qualidade", entretanto, esse discurso serve para atender diferentes interesses, por vezes, antagônicos. A qualidade do ensino nas escolas quilombolas está imbricada na construção de políticas educacionais que atendam às especificidades histórico-culturais e sociais destas comunidades.

Para (**L3CA**), a expectativa em relação à escola consiste na formação de cidadãos e na manutenção dos costumes. *"Que ela possa formar cidadãos de bem e cultivar os nossos costumes, culturas daí por diante"*. Aqui cabem as reflexões do professor Milton Santos (1996) feitas no artigo Cidadanias Mutiladas, no qual ele inicia indagando: o que é ser cidadão? E o que é ser cidadão nesse país? Segundo Santos (1996, p. 133), "ser cidadão é ser como o estado, é ser um indivíduo dotado de direitos que lhe permitem, não só se defrontar com o estado, mas afrontar o estado. O cidadão seria tão forte quanto o estado". O desejo da liderança também revela sua compreensão sobre o papel de grande relevância a educação escolar deve desempenhar na formação de pessoas críticas, que conheçam seus direitos civis, políticos e socais.

Na fala de (**L1CB**), verifica-se uma preocupação muito forte em relação ao resgate da autoestima dos alunos, dos valores culturais da comunidade e da cultura negra como um dever da escola quilombola. *A liderança diz esperar uma "formação completa, completa aos alunos, [...] resgatando a autoestima dos mesmos, [...] e também o resgate de valores, resgatando a cultura da comunidade"* [...]. A questão da autoestima das crianças negras no espaço escolar está diretamente vinculada aos fenômenos do preconceito, racismo e discriminação sofridos por essas crianças. Conforme Soares (2008), o silêncio diante das manifestações explícitas de preconceito, racismo e discriminação contribuem para manter e reforçar o sentimento de inferioridade e baixa autoestima das crianças negras quilombolas.

Assim, ter ou não ter autoestima ou ter uma baixa autoestima está relacionado com a trajetória de cada sujeito, seja ela no plano individual, social ou coletivo nos diferentes espaços. Se há uma preocupação no sentido de resgatar a autoestima dos alunos, "[...] *que eles [alunos] sintam-se valorizados]*" supõe-se que antes a própria escola se encarregou de desconstruir a identidade dos alunos negros, através da veiculação de estigmas, estereótipos e manifestações explicitas ou implícitas de racismos. Conforme Cavalheiro (2001), a negação de personalidade promove uma negação de identidade, ou seja, o aluno percebe que sua realidade cultural, social e familiar é invisibilizada no espaço escolar, quando não estereotipada, portanto, busca refúgio em outra cultura que não é a sua.

Ainda em relação à expectativa da liderança em relação à escola quilombola (L1CB), salienta o seguinte:

> [...] a escola quilombola tem essa obrigação esse dever principalmente seguindo a Lei 10.639 **de resgatar essa cultura, essa cultura africana, cultura afro brasileira** [...] **é isso que a gente espera de uma escola Quilombola** [grifos nossos].

A definição de cultura, seja na educação ou nas ciências sociais, se amplia para além de um conceito puramente acadêmico. Ela corporifica as vivências concretas dos coletivos humanos, as muitas maneiras de ver e conceber o mundo e as singularidades e semelhanças que são construídas pelos grupos humanos ao longo de suas existências, em tempos e espaços diferentes. A cultura negra pode ser compreendida como uma particularidade cultural de um grupo étnico específico, sendo que essa cultura foi historicamente elaborada e reelaborada, não se fez no isolamento, mas na interação com outros povos e culturas.

A interação da cultura negra com as outras culturas existentes em nosso país não se constitui num fator de superioridade ou inferioridade, mas sim, num fator de complementariedade e enriquecimento do país em um processo permanente de trocas simbólicas, de significação e ressignificação. Assim, se a escola desconsiderar esses fatores estará caindo na cilada de essencializar a cultura negra, o que implicará na sua folclorização. Em outras palavras, a população negra não se constitui num grupo homogêneo, mesmo tendo uma descendência comum, e que o racismo alcance a todos, pois essa população apresenta interesses e necessidades diferentes conforme a região geográfica de origem, o nível socioeconômico e as crenças religiosas.

Sobre a perda da cultura quilombola e negra, destaca-se a indagação de François Neyt e Catherine Vanderhaeghe (2000, p. 34):

> [...] quantos séculos serão necessários para avaliarmos a riqueza e fecundidade das tradições culturais africanas? Elas retornam em ondas musicais e artísticas, sob formas sempre novas e diferentes, fieis a sua inspiração primordial.

Tal indagação contribui para se refletir sobre o tempo que a escola ainda levará para incorporar, efetivamente, no currículo as tradições culturais de matriz africana, de maneira não essencializada ou estereotipada, pois, como destaca Munanga (2005, p. 16), "o resgate da memória coletiva e da história da comunidade negra não interessa apenas aos alunos de ascendência negra. Interessa também aos alunos de outras ascendências étnicas, principalmente, branca [...]".

As lembranças da população negra consistem numa forma de comprovar sua existência. Elas são recuperadas através das histórias contadas pelos mais velhos, e este rememorar estabelece os elos entre passado e presente, como no dizer de Bosi (2004, p. 55,) "na maioria das vezes, lembrar não é reviver, mas, refazer, reconstruir, repensar, com imagens e ideias de hoje as experiências do passado". A escola quilombola almejada por Maria (liderança quilombola) é aquela que confira visibilidade e positividade à história, à cultura e à memória coletiva da população negra, que apesar das condições de desigualdades, nas quais se desenvolveram e fortaleceram, contribuíram na formação da riqueza econômica, social e na identidade nacional.

Na fala de (**L1CB**), há um destaque também às questões jurídicas, a líder destaca a Lei 10.639/2003 como referencial legal que a escola quilombola deve cumprir. A Lei 10.639/2003 teve como alicerce as lutas dos movimentos negros, foi embasada numa concepção emancipatória de reconhecimento da história e da cultura africana e afro-brasileira e constituiu-se num passo fundamental no caminho da desintegração do racismo ambíguo nas práticas sociais.

Nesse sentido, o contexto escolar nacional, como parte inextricável da sociedade da qual faz parte, sempre evidenciou as experiências que marcavam inferioridade quando relacionadas aos negros e indígenas e suas culturas, justificando como causalidade as desigualdades econômicas, culturais, educativas e políticas.

Assim, de um modo geral, pode-se por um lado entender a Lei 10.639/2003 como uma importante política de ação afirmativa que fundamentalmente vem somar àquelas tantas outras demandas e lutas dos movimentos negros, em favor da superação do racismo e substancialmente a promoção de uma educação das mentalidades e a transformação de atitudes na sociedade em específico na escola. De outra forma, permite compreender que a escola é responsável pela representação positiva dos afrodescendentes, através da elaboração de um novo currículo que reconheça uns em suas diferenças com os outros e que assim, seja capaz de reescrever os conhecimentos a partir da perspectiva das comunidades negras quilombolas.

Para a liderança, *"a escola quilombola tem essa obrigação, esse dever, principalmente, seguindo a Lei 10.639/2003 de resgatar essa cultura, essa cultura africana, cultura afro brasileira"*. No entanto, reconhece-se que a garantia efetiva para que a escola quilombola respeite suas próprias singularidades históricas/culturais/sociais, não depende de preceitos legais, não significa menosprezar a importância dos dispositivos legais para garantir direitos historicamente ceifados à população negra, mas de seu posicionamento e ações para esse resgate histórico.

É preciso considerar as linhas de força, a dinâmica social os embates políticos e a realidade social sobre a qual a lei poderá ser legitimada ou não. Conforme Munanga (2005, p. 17), "não existem leis no mundo que sejam capazes de erradicar as atitudes preconceituosas existentes na cabeça das pessoas". No entanto, o autor adverte que a educação é capaz de ofertar a possibilidade de desconstruir os preconceitos introjetados nas pessoas pela cultura racista na qual foram socializadas.

Ainda sobre a expectativa em relação à escola quilombola, a "necessidade de resgate cultural" aparece como um ponto comum nas falas destas lideranças quilombolas. Sobre tal constatação, o líder quilombola diz o seguinte:

> Olha eu espero um resgate, **que essa escola venha resgatar nossa cultura,** resgata o ensino de qualidade para os nosso Quilombolas e demais moradores que aqui estão, e que muitos desconhecem a nossa história, a nossa luta, então eu espero que essa escola venha trazer um ensinamento de qualidade **e o resgate daquilo que foi se perdendo ao longo do tempo** e que hoje nós estamos na luta, não só pra resgatar mais também pra que a gente leve aquele ensino pro nosso Quilombolas (**L2CB**) [grifos nossos].

O referencial cultural tem sido muito utilizado como subsídio pedagógico para incorporar no currículo escolar as tradições, valores e práticas do jeito de ser e fazer que representam as matrizes culturais africanas, reinterpretadas e reinventadas ao longo dos tempos. Sobre a articulação das práticas pedagógicas com a história e cultura afro-brasileira e africana, Oliveira (2003) pondera que,

> Não se trata de globalizar a cultura negra, mas universalizar seus valores. Não se trata de conquistar a hegemonia política negro-africana, mas promover sua experiência civilizatória, a fim de criar novos regimes sociais fundados na solidariedade e na justiça (OLIVEIRA, 2003, p. 174).

A esperança de que a escola quilombola empreenda esforços para resgatar a cultura negra quilombola é contundente, talvez porque as lideranças quilombolas entendam que o dançar e o cantar não são manifestações unicamente de folguedo. Elas também são expressões que podem celebrar os sofrimentos, as alegrias, as reivindicações e na escola fortalecer a identidade das crianças negras quilombolas.

O reiterado apelo ao resgate cultural das lideranças quilombolas, também pode ser compreendido como uma maneira desta comunidade manter seu universo de símbolos e significados, os quais conferem ao grupo sua imagem identitária. Para Santos (1993), a cultura é uma:

> [...] forma de comunicação do indivíduo e do grupo com o universo, é uma herança, mas também um reaprendizado das relações profundas entre homem e meio, um resultado obtido através do próprio processo de viver. Incluindo o processo produtivo e as práticas sociais, a cultura é que nos dá a consciência de pertencer a um grupo, do qual é o cimento (SANTOS, 1992, p. 61).

Nesta realidade, o que as lideranças esperam, é que a escola quilombola auxilie sua comunidade na tarefa de visibilizar e fortalecer esses conhecimentos tradicionais. Nesse sentido, a escola quilombola tem como desafio descontruir e superar distorções cognitivas fundadas em preconceitos e estereótipos, que permeiam as práticas pedagógicas de maneira naturalizada, portanto, deixar de conceber os conhecimentos tradicionais quilombolas como arcaicos.

A ênfase na dimensão cultural pode ser uma maneira de não deixar que o modo de vida da comunidade quilombola seja esquecido, isto é, que as práticas e costumes que contribuíram para sua sobrevivência permaneçam unicamente nas lembranças dos mais velhos, deixando os mais jovens sem acesso às diversas estratégias de resistência para manutenção do grupo, como dizem, *"[...] porque a nossa cultura Quilombola, nossa cultura negra, já tinha se perdido é, só tava né, permaneceu na memória na nossa mente dos mais antigos e os mais novos não, não tem esse conhecimento [...]"* (**L1CB**).

Dessa forma, escola quilombola desempenharia um papel crucial elaborando atividades curriculares voltadas para uma "pedagogia da sobrevivência":

> Ao longo da história, a sobrevivência foi parte da experiência dos índios, dos escravos negros, dos imigrantes e de crescentes parcelas marginalidades em nome do progresso e da civilização, ou simplesmente das classes dominantes. Sobreviver nessas condições é uma arte e requerer estratégias pedagógicas com nível de sofisticação igual ou maior do que se encontram nos manuais de pedagogia hegemônica. É uma pedagogia da qual pouco se sabe, porque é gerada no clandestino, muitas vezes fora do âmbito do legal ou da formalidade oficial, entre as necessidades de alimentar-se e curar-se, enfim viver. (STRECK, 2006, p. 279).

Contudo, é importante destacar que nas culturas africanas, a velhice carrega os sinais da sabedoria, oposto da cultura ocidental que busca eternizar a juventude.

No que tange a indagação sobre o que a escola representa para cada liderança, destacam que sua escola deve representar também o que existe no universo fora da comunidade. Isso, segundo ele, se apresentaria como uma possibilidade de educação com qualidade. *"[...] queremos também tudo aquilo que tem lá fora, que os cidadãos estudem, tem uma boa qualidade de educação [...]"* (**L1CA**).

As comunidades quilombolas, na contramão do senso comum, são cada vez mais atingidas pela lógica da modernidade, aquela que traz em seu bojo promessas de uma vida repleta de felicidade. Na concepção da liderança quilombola, uma educação de qualidade estaria atrelada ao que existe fora da comunidade, ao desejo de ter acesso a "tudo que tem lá fora". Isso demonstra a intensa relação entre os de dentro e os de fora da comunidade, logo, as características que conferem distinção à comunidade, acabam, aos poucos, se tornando relativizadas. É importante ainda, refletir sobre os impactos da modernidade no modo de vida das comunidades quilombolas, pois, conforme Martins (2000),

> A modernidade anuncia o possível embora não o realize. [...] Mistifica desmistificando porque anuncia que são coisas possíveis de um mundo possível, mas não contem nenhum

item no seu mercado imenso que diga como conseguir tais recursos, que faça o milagre simples de transformar o possível em real. Isso cada um tem de descobrir, isso a coletividade das vitimas, dos incluídos de modo excludente, tem de descobrir (MARTINS, 2000, p. 20).

Observou-se que a comunidade se posiciona diretamente como responsável pelo colégio, assume, em nível coletivo, a tarefa de participar em parceria com a direção e professores, conforme afirma a liderança,

> [...] então pra nós dizemos que esse colégio, nós trazemos como nossa responsabilidade tá presente dentro desse colégio, é sempre cobrando junto com o diretor a direção, cobrando os professores, fazendo assim como que nós, possamos trabalhar junto e atender uma demanda da comunidade, o desejo que nós vamos conquistar cada vez mais, junto com a nossa participação (**L1CA**).

Da mesma forma, verifica-se que no compromisso da comunidade com o funcionamento do colégio, a responsabilidade não é atribuída a alguém externo, nem tampouco diluída num coletivo não identificado. Parece ocorrer, por parte da Secretaria de Estado da Educação, uma delegação não formalizada da responsabilidade à comunidade quilombola e desta aos professores, direção e pedagogos e estes, muitas vezes sem nenhum respaldo institucional e formação inicial e continuada adequada, fazem o que imaginam que seria o ideal, ou sem saber contribuem para preservação de concepções equivocadas e preconceituosas sobre o modo de vida na comunidade.

Para outra liderança, a escola no quilombo representa a concretização de um sonho, pois com a escola na comunidade as crianças têm oportunidade de concluir a o ensino básico. Anteriormente, à construção da escola, a distância entre a escola e a residência dos alunos era longa, havia falta de transporte escolar, isto estava entre principais motivos da evasão escolar da maioria dos alunos.

> Pra mim representa, [...] **um sonho, que se tornou realidade sempre nós tivemos esse sonho de ter uma escola de 5ª a 8ª aqui na nossa comunidade,** é porque as crianças eles tem duas escolas municipais, eles saíram dessas escolas municipais e **desistiam, desistiam de estudar e é se evadiam da escola e como a escola**, aqui dentro da comunidade é daí oh a escola é cheia eles não se evadiam mais né, eles terminam a 4ª série eles permanecem até o ensino médio só vão sair daqui pra uma universidade, instituto federal, então pra nós representa tudo aquilo que a gente queria um sonho que tornou-se realidade (**L1CB**) [grifos nossos].

A liderança quilombola diz que esta escola representa um *"avanço, sem dúvida, a escola é um avanço, um marco ela é um marco da resistência né, ela traz o benefício do ensino, ela trazer muito benefício pra comunidade, [...]"* (**L2CB**).

As falas explicitadas pelas lideranças fortalecem-se com a concepção de Munanga e Gomes (2006), quando estes afirmam que a história da escravidão mostra que a luta e a organização, marcadas por atos de coragem, caracterizou o que se convencionou chamar de "resistência negra" cujas formas variavam de insubmissão às condições de trabalho, revoltas, organizações religiosas, fugas, até aos chamados mocambos ou quilombos. Nesse sentido, a escola quilombola configura-se numa forma muito particular de luta e resistência por direitos historicamente ceifados.

As mesmas lideranças, quando questionadas sobre a escola que está na comunidade ou indagando se é o colégio desejado pela comunidade, fazem as seguintes observações:

> É ainda o colégio em si, a gente espera o colégio assim com mais, um ambiente com mais estrutura pra que os professores tenham material suficiente pra trabalhar os conteúdos (**L1-CA**).

> É a escola desejada por essa comunidade, por mais que nós estamos em um espaço físico, **o espaço físico da escola é um espaço físico emprestado do município** né, então é,

> usamos todos os pavilhões da igreja, os pátio da igreja, então o espaço físico é pequeno, mais o que importa como diz Paulo Freire, não é o espaço, o espaço influência muito, mais o importante é uma educação de qualidade é aquilo que os professores fazem um trabalho, muito bom nessa escola, então é, e mais tarde a gente tem a esperança que logo vai sair do colégio novo, daí vai ser a escola completa, com professores bons né, com o espaço físico, daí também bom, porque as crianças merecem (**L1CB**) [grifos nossos].

Importante destacar ainda, que é possível verificar que as escolas quilombolas ainda carecem de espaços físicos adequados para seu funcionamento, entretanto, o fato de improvisar salas de aula parece não se constituir num problema capaz de impossibilitar o desenvolvimento das aulas, diante de bons docentes comprometidos com os discentes e com o desenvolvimento do conhecimento.

A construção de estabelecimentos de ensino nas comunidades quilombolas resulta de reivindicação persistente das lideranças quilombolas por uma educação escolar que atenda suas especificidades sociais, históricas, políticas, econômicas e culturais. Observa-se neste contexto, que a realidade negra quilombola tem sido invisibilizada ao longo da história da política educacional do estado.

No Paraná, a questão quilombola só passou a existir a partir de 2005, mediante mapeamento feito pelo Grupo de Trabalho Clóvis Moura (GTCM) que identificou 36 Comunidades Quilombolas. O objetivo do trabalho era de formular políticas públicas especificas para atendimento dessas comunidades. Nesse sentido, indaga-se às lideranças sobre a organização de suas comunidades antes da atuação do trabalho do GTCM, e relata-se a seguir seu depoimento:

> Antes do trabalho do Clóvis Moura, ***nós sempre é, lutamos pela em nossa comunidade,*** então a gente sabia que aqui a comunidade dizia, aqui a comunidade dos negros, a comunidade dos Batistas, o Rocio né, como desde o início os negros chamavam Rocio que é um

pequeno povoado como dizia a minha avó: um pequeno rosado. E sempre a gente batalhando desde 1836/39 pra cá sempre a minha família batalhando por esse luar por esse território, né e foi passando de família por família, nós já somos a 5ª geração e sempre a gente batalhando por essa comunidade tudo que tem na comunidade foi um espaço nosso das lideranças que sempre foi é, é liderou sempre mulheres e foi grandes mulheres lideres até o Colégio Maria Joana, levou o nome de uma das grandes *líderes que é a Maria Joana que foi a minha avó, então já antes do trabalho do Clóvis Moura, o Clóvis Moura faz aqui foi uma pesquisa pra ver se aqui era mesmo uma comunidade Quilombola,* que eles souberam que aqui tinha essa comunidade né que só habitava antigamente era só os negros mesmo, *então eles vieram fazer essa pesquisa e que constataram a realidade que aqui era um Quilombo, considerado um Quilombo que a partir da constituição de 1.988 que tem o artigo 68 que é onde viviam os negros era considerado um Quilombo então é, antes a gente, o trabalho deles foi só de pesquisa depois,* depois dessa pesquisa que é, que foi que através dessa pesquisa que foi, que foi certificado lá em Palmares a comunidade e esse que foi a esse que foi né, que foi a vantagem pra nós, foi o certificado de Palmares por que a partir da pesquisa deles nós continuemo trabalhando e lutando do mesmo jeito, então a pesquisa deles foi uma vantagem pra nós, *por causa do certificado de Palmares é, também a escola, porque através do certificado de Palmares nós conseguimos a escola, também se não fosse o certificado não tinha a escola o colégio Quilombola, então a vantagem foi essas outras coisas nós sempre* **lutamos,** toda a vida permaneceu desde o início lutando, lutando e passando de geração em geração e permanecemo, se tem a escola, posto de saúde tem calçamento tudo foi através da luta da comunidade (**L1CB**) [grifos nossos].

Constata-se, na fala da liderança, a importância do trabalho do GTCM no que concerne à visibilidade e o acesso à documentação que respalda juridicamente o quilombo. A liderança destacou como um fator positivo a certificação da comunidade como quilombola para pleitear ações de inclusão social e de direito da comunidade. Para a liderança, as conquistas sociais existentes na comunidade são frutos da luta incansável da comunidade, luta está que tem continuidade nas gerações precedentes.

Com a aprovação do Artigo 68, dos Atos Dispositivos Constitucionais Transitórios (ADCT) da Constituição Federal de 1988, as comunidades quilombolas vieram a obter o reconhecimento jurídico e, por meio dos artigos 215 e 216 da mesma Constituição tiveram o reconhecimento de suas manifestações culturais como patrimônio cultural e imaterial brasileiro e como grupos formadores da sociedade brasileira e de sua identidade.

Diante da atuação do GTCM, perguntou-se sobre o legado do trabalho deixado para as comunidades quilombolas, ao que a liderança quilombola respondeu que:

> **Organização, como eu já falei nós sempre fomos organizados**, nós já tínhamos uma associação de moradores depois da, uma associação Quilombola, isso foi depois do trabalho do Clóvis Moura, essa foi a modificação um pouco, assim, **mais nós sempre fomos organizados, então eu acho que não modificou nada, o que a gente após o trabalho deles que a gente identificou modificações, eu não acho modificação nenhuma, porque nós como eu já falei antes, sempre nós lutamos, trabalhamos, para conseguir o bem da comunidade**, principalmente depois que ficou, urbanizou, traziam o pessoal e jogam aqui na comunidade, nós que atendemo tudo o pessoal que não né, não são Quilombolas, então eu acho que não modificou nada o nosso modo de vida e de organização sempre fomos organizados (**L1CB**) [grifos nossos].

Mais uma vez, identificou-se na fala da liderança, a organização e luta da comunidade independente da atuação do GTCM. Assim, o trabalho do GTCM não imprime mudanças no modo de vida da comunidade, mas, possibilita a visibilidade e o reconhecimento jurídico.

Ainda em relação à comunidade quilombola antes do trabalho do GTCM, foi apresentado outro ponto vista, entretanto, sem deixar de enfatizar a organização e a união da comunidade em torno de seus objetivos.

> E antes do Clóvis Moura, nós já vivíamos aqui, **até bem organizado que sempre tivemos organizados, sempre os grupos se reunindo é nossas festas, nossas lutas, sempre tivemos unidos,** mais **o Clóvis Moura quando ele fez esse levantamento, o trabalho venho trazer visibilidade,** pra nossa comunidade **não só pra nossa comunidade Quilombola aqui de Adelaide, mais como as comunidades Quilombolas do Estado do Paraná que estavam escondidas** que o Estado sempre se dizia, **o Paraná sempre se dizia um Estado europeu e com essas comunidades Quilombolas hoje na visibilidade venho desmentir** aquilo né que, porque a história do negro sempre foi escondida em nível de Brasil nunca foi contada a verdade então o Instituto **Clóvis Moura trouxe visibilidade mais a organização nós sempre tivemos organizados, né (L2CB)** [grifos nossos].

A mesma liderança destaca ainda a importância do trabalho do GTCM no que tange a visibilidade das Comunidades Quilombolas. É possível inferir que até o início do século XXI, pouco se sabia sobre a existência e as condições de vida das Comunidades Remanescentes de Quilombo do Paraná. Historicamente, predominou no Estado um discurso que definia a imigração europeia como o principal elemento constituinte de sua identidade e de sua trajetória de desenvolvimento.

Com a criação do Grupo de Trabalho Clóvis Moura em 2005, pela primeira vez o Estado empreendeu a iniciativa de realizar um levantamento socioeconômico e cultural com vistas à garantia de direitos às comunidades quilombolas.

Após o trabalho do GTCM, João (liderança quilombola) destaca como uma dimensão importante a visibilidade aliada à certificação pela Fundação Cultural Palmares. A partir do reconhecimento da comunidade como quilombola, teve início a implementação de políticas públicas. Na avaliação da liderança, o maior legado do GTCM foi conferir visibilidade à existência da comunidade quilombola. Assim, diz a liderança:

> Eu digo assim organizados a gente sempre tivemos, é de modificação, ela teve modificação **porque através do grupo Clóvis Moura que a gente teve visibilidade e depois a gente foi reconhecido né e na Fundação Palmares** né, que a gente teve essa certidão de reconhecimento na Fundação Palmares e depois **disso ai algumas políticas públicas chegou** que a gente, e também tomou mais conhecimento que a gente tem bastante política pública da nossa luta né, pela titulação do nosso território que foi se perdendo e que de nós foram tirando aos poucos, mais é isso, eu acho que, que nem eu falo que organizado a gente sempre teve, mais eu torno a dizer que a visibilidade foi a maior a maior causadora. **O maior ganho então da atuação do grupo Clóvis Moura foi tornar visível a NOSSA existência, contando pro Estado que nós estamos aqui né (L2CB)** [grifos nossos].

A percepção de outra liderança quilombola não apresenta diferença significativa em relação às observações das lideranças já citadas. Ele destaca que anterior ao trabalho do GTCM a comunidade estava isolada, não existia aos olhos do poder público. Ainda destaca que após isso, a comunidade passou a demonstrar sentimento de orgulho e valorização em relação as suas raízes históricas e culturais.

> Olha a trajetória política e a trajetória do trabalho que vem sendo feito, o que era a comunidade antes e depois, pra nós é assim, são 200 anos, mais de 200 anos de história que nós temos aqui, **a comunidade viveu todo esse tempo no isolamento e né, quase sem nenhum atendimento pelo poder público,** assim muito era mais básico, era a manutenção de estradas, postinho de saúde, a partir de 84 pra cá, e mais um atendimento muito precário, então a escola pra nós, no trabalho do Clóvis Moura pra cá de 2005, **pra nós foi muito interessante, porque trouxe a visibilidade, mostro a comunidade, a existência da comunidade, toda a história nossa quanto o negro, dos nossos antepassa-**

> dos que viveram aqui na comunidade, até 2005 não se tinha conhecimento disso, até a própria comunidade, muitas histórias que se falava, mais não se valorizava, a partir de 2005 pra cá **com a chegada do Clóvis Moura, ai a comunidade começou a valorizar mais a história vendo assim que tinha uma grande importância pra comunidade** e ai depois do registro de tudo isso a gente percebeu que nós temos direito na Constituição e a partir dai pra cá que a gente tem conseguido algumas coisas a mais, porque a gente teve conhecimento e a visibilidade dos governantes entenderem da necessidade e ai cumprirem o que está na legislação (**L1CA**) [grifos nossos].

Nas comunidades quilombolas, a memória consiste em um dos mais importantes elementos para auxiliar na reconstituição do passado e atua como elemento catalisador dos interesses coletivos. É através da memória que, em grande parte, as comunidades acionam o passado e reconstituem suas tra*jetórias sociais e históricas*. A memória encontra-se enraizada no espaço vivido da comunidade. Assim, a comunidade quilombola torna a reavivar suas memórias de maneira positiva, visto que, a memória emerge de um grupo que ela une. Destaca-se assim, que a história do povo negro não pode ser esquecida como comenta a liderança.

> [...] *muitas pessoas dizem: Ah os Quilombos foram inventados.* **Nunca foi inventado a gente sempre teve aqui né, organizados né, sobrevivemos aos modos mais rústicos que o nosso povo passou e vem passando, nosso povo escravizado e a gente sobreviveu até aqui, sem qualquer ajuda do Estado, longe de qualquer recurso, de ajuda do Estado e aqui estamos né, mostrando pro povo do Paraná, pro povo do Brasil né, que nós lutamos aqui firme tentando** *resgatar nossa cultura e que a gente jamais esqueceu do nosso passado, a gente não deve esquecer do passado, se a gente quer ter um futuro marcante, brilhante pela frente, nunca deve deixar de olhar pra trás, ah mais porque voltar ao passo é chorar duas vezes. Não,* **a gente tem que se lembrar do passado pra gente caminhar de cabeça erguida no futuro, então eu acho que é isso, única**

> *dica que eu deixo é que conheçam a nossa história que saibam como a gente está quem quer saber da gente, que venham até a comunidade a gente está sempre de portas abertas pra conversar com o pessoal e passar aquilo que aconteceu né,* no passado e que a gente hoje sabe que através dos avós, da mãe a gente guarda essa história e passa pros filhos e assim vai continuar. (**L2CB**) [grifos nossos].

Este enfatiza a importância de não esquecer um passado de escravização e as diversas estratégias de resistência do povo negro e o abandono proposital do Estado no que se refere à implementação de políticas públicas de reparação social. Em face de suas peculiaridades, esta liderança salienta que não se pode esquecer o passado é possível supor que as sequelas deixadas pelo passado escravista na sociedade brasileira ainda são visíveis, ainda que não se queira ver ou admitir. Portanto, a história constitui-se num importante mecanismo do qual se pode extrair lições transformadoras para pensar e agir no presente e no futuro.

No que tange, a indagação sobre o que é ser quilombola, esta liderança destaca que ser quilombola está relacionado com a identidade vinculada à história dos antepassados. Destaca também, a importância do movimento social negro e movimentos sociais no desenvolvimento de um trabalho que trate de questões relativas à implementação da Lei 10.639/2003 nas escolas. Também salienta os fenômenos de discriminação e rejeição sofridos pela comunidade através do tempo.

> **Olha Quilombola pra nós é uma identidade,** porque ser negro, isso a nossa família traz na cor da pele ai, e não só a cor da pele mais a história né de todos os nossos antepassados, a história de vida dos nossos antepassados da África, e após chegar aqui no Brasil trabalhando toda aquela história da escravidão e tudo mais e ai pra nós sabendo hoje de toda a história que vem sendo trabalhado ai, junto com o movimento negro e esses movimentos sociais e cobrando de que esses trabalhos sejam feitos na comunidade, da escola

e a partir da Lei 10.639 que está sendo trabalhado, ai que vem sendo conhecido ainda mais a nossa história, **aí que a gente vai se identificando mais, sabendo mais de todos aqueles problemas que a gente vem passando né, porque a comunidade fica isolada, porque nós somos negros, ai vamo entendendo o processo de discriminação, o processo de rejeição,** o quanto a gente sofria isso antes e a partir disso de entender o porque a gente começou a se identificar mais com a questão da palavra Quilombola, das comunidades tradicionais, a gente começou a saber mais até esse agrupamento de família, casamento entre família e tudo ai que a gente começou a entender o que é um Quilombo de verdade (**L1CA**) [grifos nossos].

A vivência da identidade quilombola é fenômeno decorrente da dinâmica de reconhecimento interno do grupo, os integrantes da comunidade quilombola assumem-se como sujeitos de direitos, protagonistas em suas ações pelo acesso às políticas públicas inclusivas.

Ser quilombola está relacionado com a descendência negra daqueles que foram escravizados. A liderança reforça as histórias passadas de geração para geração sobre as raízes quilombolas, as quais não estão desvinculadas de um passado de crueldade e resistência.

Quilombola pra mim é ser descendente daqueles negros, dos escravos que vieram pra cá né, e remanescente né, porque a geração continua ainda né, nossa luta continua, então eu digo que nós somos descendentes dos escravos né que nem nossa vó falava minha mãe passava que a gente soube que nós aqui somos descendentes de escravos, até contavam os causos das nossas famílias que nós tinha, a tia que tinha só um toco de orelha porque era pregada a orelha na parede e o senhor depois chamava elas e vem aqui, deixava a orelha na parede, tinha as mãos queimadas de segurar as brasas com as mãos né, pro senhor ascender o cigarro, então a gente sempre souber dessas histórias a gente sempre soube que era descendente desse povo escravizado que aqui chegaram. (**L2CB**).

Ante este relato, fica ainda mais evidente o reconhecimento do espírito de pertença, do vínculo com a ancestralidade, bem como, a triste recordação de como seus ancestrais eram tratados pelos detentores do poder econômico, político e social.

4.2 A percepção dos professores sobre a possibilidade de um currículo escolar conectado aos distintos modos de ser e estar no mundo

Na questão sobre como é trabalhar em uma escola quilombola, encontram-se vários adjetivos que remetem à positividade. No trabalho em escola quilombola, entretanto, identifica-se que existe uma ausência de entendimento sobre a relevância de lecionar na escola quilombola, que para além dos adjetivos, explicite também questões de cunho pedagógico.

> **Trabalhar em uma escola Quilombola é muito bom,** a gente aprende muito como hoje, é dia da consciência negra a gente aprendeu muito, tanto quanto professor quanto como os alunos, é em sala de aula enfim é um aprendizado muito grande além de uma alegria de ser moradora aqui dessa comunidade, **então é uma maravilha trabalhar dentro dessa escola** e morar no Quilombo (**P1CA**) [grifos nossos].

> É trabalhar em uma escola Quilombola primeiramente **tem que ser levado como uma honra,** porque sabemos que realmente no Paraná não existe muitas dessas escolas Quilombolas, só existe duas escolas Quilombolas, então nós **que temos esse privilégio em trabalhar em uma escola Quilombola, a gente realmente é privilegiado, então isso faz com que nós tenhamos um método de trabalho realmente diferente** (**P2CA**) [grifos nossos].

> Para mim trabalhar em uma escola Quilombola é um trabalho totalmente diferenciado né, trabalhar junto com a comunidade toda, porque na escola Quilombola toda a comunidade se envolve, todas as decisões da escola, todo o trabalho que nós professores fazemos tem o apoio da comunidade, então trabalhar aqui é muito bom, e por ser diferente das outras escolas que eu já trabalhei aqui

é melhor, sempre em conjunto aqui é tudo junto, não é a escola, o professor e o aluno, é a escola, professor, aluno e a comunidade é **toda a comunidade todos integrados (P3CA)** [grifos nossos].

Ainda é possível perceber uma ênfase, no trabalho diferenciado, na utilização de método de ensino diferente, mas esse trabalho diferenciado não é comprovado no âmbito pedagógico.

No que tange a indagação sobre o que diferencia a escola quilombola em relação às demais escolas, tem-se as seguintes considerações:

> O aprendizado em geral, porque eu digo assim, porque eu estudei num colégio, que era a 30 km da comunidade **e eu aprendi muito pouco devido a falta de transporte para ir até o colégio, então eu aprendi muito pouco com isso e estar aqui**, os alunos que vivem na comunidade vem até a escola isso é muito bom para eles é um aprendizado muito grande e como eles são minoria em sala de aula poucos alunos, não são 40 alunos dentro de sala então isso é muito bom, maravilhoso (**P1CA**) [grifos nossos].

> A diferença de trabalhar em uma escola Quilombola ou em uma outra determinada escola tem vários fatores, principalmente uma delas realmente nós **professores temos que seguir a Lei 10.639** que faz o planejamento que o professor siga que tem que ser implantado a educação afro descendente, então isso é levado mais em conta em quanto outras escolas já não tem essa preocupação em **mostrar realmente a cultura afro descendente que se pode dentro de um colégio Quilombola (P2CA)** [grifos nossos].

> Sim é, em relação as demais escolas o trabalho que nós temos aqui, **primeiro é a integração da comunidade**, porque nas outras escolas não é tão forte, tem a presença dos pais em reuniões, mais o convívio não é tão forte quanto é aqui, entre outras, os alunos também por trabalharmos com um número reduzido o trabalho é bem melhor, os alunos são diferentes o tratamento é outro, **a relação professor e alunos é outra (P3CA)** [grifos nossos].

Dessa forma, é possível identificar pela fala dos professores que a escola quilombola não apresenta características significativas que permitam diferenciá-las das demais escolas que compõem a rede estadual de ensino. Os docentes se esforçam para encontrar distinções que façam a diferença, mas talvez pelo fato de não terem sido instrumentalizados o suficiente para trabalharem na perspectiva de uma escola, que de fato seja diferente na sua estrutura curricular, não desenvolvem práticas pedagógicas diferenciadas.

Ainda pode-se perceber que há imensa dificuldade em apresentar estratégias pedagógicas que articulem conteúdos escolares aos saberes tradicionais da comunidade quilombola, pressuposto elementar para consecução de uma escola quilombola.

Sobre sua estratégia de trabalho, o professor destaca o seguinte, "olha a estratégia aqui eu digo que é difícil, porque onde a gente mora é muito longe da cidade e daí aqui a gente tem internet muito devagar, então estratégia por isso no momento eu não sei te dizer". É notável a discrepância na concepção de práticas pedagógicas que devem fazer da escola quilombola uma escola diferenciada, a internet seria um instrumento pedagógico utilizado e não os instrumentos antigos, os hábitos, as histórias de vida da comunidade, para compor em parceria com esta o currículo próprio para a escola quilombola.

O docente (**P2CA**) destaca a Lei 10.639/2003 que altera a Lei 9394/1996 da Educação e instituiu no Brasil um marco legal para que se inclua no currículo oficial das redes de ensino a obrigatoriedade da temática "História e Cultura Afro-Brasileira". A referida Lei, não é específica em discutir a educação escolar nas comunidades quilombolas, no entanto, ela confere ancoragem legal para construção de propostas curriculares que contemplem as especificidades quilombolas. Além do mais, é imprescindível, ao se tratar de história e cultura afro-brasileira abordar a formação dos quilombos em suas múltiplas variações.

Ainda sobre estratégias pedagógicas diferenciadas, encontra-se na fala de dois docentes a tentativa de articular o conteúdo escolar com a realidade local da comunidade quilombola. Assim, tem-se:

> As afirmações Quilombolas na escola eu tento implantar dentro das salas de aulas da escola, **através de pesquisas dentro da própria comunidade,** que nem se eu vou dar uma aula de ciências se eu vou estudar uma determinada planta, eu já procuro levar os alunos para que conheçam essas plantas que é originária dessa determinada localidade, então tentar sempre impor o conceito da comunidade, sempre colocar em prática o que realmente eles têm aqui e não muitas vezes procurar prá fora, não requer tanto no conhecimento que exige a escola.
> Então seria como fala, através realmente de pesquisas, **procurar saber realmente qual é a história de determinada casa,** tem a casa mais antiga, é conversar ter o diálogo entre a escola com a comunidade, trazer em práticas o que a comunidade tem a favor da escola, o conceito entre a comunidade e a escola, você tem um ótimo aproveitamento educacional (**P2CA**) [grifos nossos].

A fala a seguir, de outro docente, segue na mesma linha de pensamento, quando diz que:

> Nas ações pedagógicas **nós procuramos sempre trazer a história da comunidade dentro do conteúdo que nós estamos trabalhando né,** então sempre envolvendo a **história do aluno para que eles se sintam valorizados com a história deles aqui, a história dos antepassados, sempre resgatando a cultura, a história de vida mesmo dos familiares, tudo isso junto com o conteúdo que se deve ser trabalhado.**
> É eu procuro trabalhar com os alunos em pesquisas de campo, nós já fizemos vários trabalhos de pesquisa na comunidade que os alunos vão até a comunidade fazer pesquisa mesmo da comunidade, histórias mais no mesmo contexto da disciplina, sempre envolvendo a comunidade com as atividades da escola, colocando sempre a cultura Quilombola em evidência (**P3CA**) [grifos nossos].

Conforme as Diretrizes Curriculares Nacionais para Educação Escolar Quilombola, a educação escolar desse grupo deve ter como referência valores sociais, culturais, históricos e econômicos dessas comunidades. Nesse sentido, é necessário investimento do Estado tanto no que se refere a questões pedagógicas, quanto à construção de estabelecimentos adequados, a fim de que a escola possa de fato se tornar um espaço educativo que consolide o diálogo entre o conhecimento escolar e a realidade local, valorize o desenvolvimento sustentável, o trabalho, a cultura, a luta pelo direito à terra e ao território.

As falas dos professores **P2CB** e **P3CA**, demostram o entendimento de que a educação nestas comunidades inclui a família, a convivência com os demais membros do grupo, as relações de trabalho e com o sagrado, vivências nas escolas, nos movimentos sociais e na organização das comunidades.

A construção de um currículo que contemple os anseios da comunidade perpassa por um longo e permanente caminho de diálogo entre a comunidade quilombola, gestores educacionais e profissionais da escola. É mister, elaborar o projeto político-pedagógico, calendários e temas adequados às características de cada comunidade quilombola.

Sobre a importância de existir uma escola na comunidade quilombola, os professores entrevistados relatam o seguinte:

> Muito importante, a importância disso daqui é muito grande porque os alunos são aqui nós comunidade participando de tudo e isso é muito importante dentro da comunidade, nunca a gente soube o que é escola o que é comunidade, hoje a gente tá aprendendo muito com isso quanto escola e quanto comunidade (**P1CA**) [grifos nossos].

> Sim, é muito importante ter a escola Quilombola, **pois ela traz conhecimentos que realmente a gente não aprende em uma escola convencional, um conhecimento de história que a gente aprende de um jeito de um livro didático aqui a gente descobre uma diferença enorme na parte realmente** então até da história que a gente não tem o senso de ir conhecer (**P2CA**) [grifos nossos].

> Sim sem dúvida, os alunos daqui sempre estão relatando que **concluíram ou voltaram a estudar agora porque a escola está aqui, eles relatam a dificuldade que eles tinham antes e conseguir chegar até a escola,** então eles viajavam ou não aguentavam frequentar 1 mês de escola, dias de chuva não iam, então era uma dificuldade, a presença da escola dentro da comunidade além de facilitar o acesso do aluno a escola a educação, **tem ainda a questão da valorização da cultura deles,** que em outras escolas eles saiam daqui para outras escolas eles não tinham, era uma coisa mais padrão digamos assim, não era ensinado, **eles não eram ensinados a valorizar a cultura deles como aqui é enfatizado (P3CA)** [grifos nossos].

No dizer do *P1CA*, este considera muito importante, entretanto, não explana argumentos de forma coesa que justifiquem tal importância, aliás, destaca que estão aprendendo sobre o que é a escola quilombola e o que representa essa comunidade.

Na fala de *P2CA*, percebe-se um contraponto entre a história registrada pelos livros didáticos e a história dos povos que não compõem os livros didáticos, e quando compõem muitas vezes aparece de maneira equivocada, quando não estereotipada. Por muitos anos, o conteúdo e as imagens veiculados nos livros didáticos retratavam a população negra em posição e situações inferiorizadas e subalternas, repletas de preconceito.

Ao passo que *P3CA*, destaca a importância da escola, considerando anterior a sua existência o fato de que os alunos eram privados do direito de estudar. Nesse caso, a escola na comunidade quilombola consiste na garantia de assegurar o direito constitucional à educação.

Refere-se, ainda, à valorização cultural da comunidade quilombola, destacando que, neste ambiente, os alunos são ensinados a valorizar a cultura deles, diferente do que acontece em outras escolas, entretanto, quando perguntado sobre estratégias de ensino diferenciadas, não menciona nenhuma de maneira consistente, portanto, é possível inferir que a escola quilombola segue o padrão curricular das demais escolas estaduais do Paraná.

A proposta pedagógica quilombola, construída em permanente diálogo com esta comunidade, desde 2006, foi bruscamente interrompida em 2011 na mudança de gestão governamental e educacional. Os processos de formação inicial e continuada realizados com os profissionais da escola deixaram de existir e a implementação da proposta pedagógica, por vez, foi substituída pela base curricular comum a todas as demais escolas estaduais. Destaca-se que vários professores que participaram dos processos de formação solicitaram transferência da escola, portanto, os novos que assumiram não tiveram contato com essa proposta.

No que se refere à questão sobre as expectativas da comunidade em relação à escola, obteve-se as seguintes respostas:

> A expectativa de melhorar isso daqui, **termos um prédio maior pra nossa escola, termos mais alunos, mais comunidade Quilombola estar participando daqui,** enfim outras comunidades estar aqui com a nossa comunidade (**P1CA**) [grifos nossos].

> É a comunidade na verdade o que ela sempre pede para a escola é **sempre o conhecimento para seus filhos, pros seus netos, então ela vem trás de conhecimento, ela vem atrás do saber, porque a gente sabe que os alunos da gente de hoje vão ser o futuro de amanhã,** então eles pedem esse conhecimento, pedem para que a gente prepare eles, pra que mais tarde eles possam mostrar pros seus filhos, pros seus netos o mesmo que eles aprenderam hoje (**P2CA**) [grifos nossos].

> É com os pais e alunos, porque temos uma relação bem estreita com a comunidade **sempre tão dizendo que querem que os alunos tenham a educação que é de direito e igual das outras escolas, que não são Quilombolas querem que os filhos deles possam dar continuidade aos estudos, possam sair daqui da comunidade para competir, permanecendo aqui no Quilombo ou não,** em qualquer âmbito, ter as mesmas habilidades, as mesmas competências de quem está estudando em outra escola (**P3CA**) [grifos nossos].

Na fala de (**P1CA**), fica escancarada a necessidade de construção de um prédio mais amplo, bem como aumentar a quantidade de alunos na escola. Já (**P2CA**), declara que a comunidade quilombola demanda conhecimento, em suma, na sua concepção, a comunidade está em busca do acesso ao saber sistematizado para seus filhos e netos. Ao passo que para (**P3CA**), a comunidade demanda uma educação sem distinção das demais escolas, e que os alunos quilombolas possam dar continuidade ao estudo competindo em igualdade de condições com alunos não quilombolas. Que a escola quilombola possa desenvolver habilidades e competências iguais àquelas desenvolvidas nas outras escolas.

É possível inferir que a comunidade quilombola demanda da escola a construção de um currículo escolar que reconheça e valorize suas tradições culturais/históricas transmitidas por seus antepassados e recriadas na atualidade. A comunidade não está solicitando à escola a continuidade de um currículo que não dialoga com sua realidade, que não considera o contexto sócio cultural e histórico em que a escola está inserida, mas sim, que a escola construa práticas pedagógicas que possibilitem ampliar, gradativamente, a visão de mundo dos alunos, pois com isso terão acesso à universalização do saber, à cultura universal patrimônio comum de toda humanidade.

As respostas dos *professores que atuam na escola quilombola da comunidade B* indicam, desde o início, possibilidades que podem ser inseridas e nas quais não foram encontradas discrepâncias entre os relatos anteriormente apresentados e os que seguem, considerando que a entrevista foi a mesma para as duas escolas.

Assim, sobre como é trabalhar em uma escola quilombola tem-se a seguinte declaração do (**P1CB**):

> Trabalhar na escola, essa nossa escola que a gente tá a 4 anos aqui, **a gente começou nosso primeiro ano assim trabalhando de uma forma assim, igual a escola digamos assim normal e a gente começou a ter mais afinidade em**

relação a questão Quilombola, aquilo que compreende o ensino Quilombola, a uma comunidade Quilombola do ano de 2011, final de 2010, 2011, para frente onde então que a gente começou a ter mais apoio da própria comunidade em relação a nossa pedagoga que é membro da comunidade e ai a gente começou a ter mais clareza mais compreensão, porque até então o ano de 2009 que fundou-se a escola, a gente não tinha, a gente não tinha ideia que era uma escola Quilombola mais a como que ia se organizar essa escola Quilombola, como que ia se estruturar, quais eram seus objetivos então a gente também quando a gente começou a trabalhar a gente não tinha isso muito bem definido então a gente teve que ir trabalhando naquele ano né, mais a gente foi buscando essa informação mais ficou muito mais claro a partir do final de 2010, 2011 onde a gente teve essa participação maior, **ai sim com o envolvimento maior da nossa coordenadora sabe mais quais eram esses objetivos dá comunidade em relação a escola, buscando esclarecer mais a gente e ai que a gente começou a ter formação sobre essa questão né, então a gente começou a ter mais contato, mais material, mais leituras né, formação, formação presencial a gente teve vários encontros e ai foi esclarecendo o que para a gente o que era ser uma escola Quilombola, o objetivo da escola Quilombola, e as ações que essa escola tem com a comunidade** e com o lugar que ela está inserida que hoje para nós é muito mais claro né, agora a 3 anos, 4 anos que se passou então hoje a gente tem muita clareza do trabalho que a gente tá fazendo aqui no colégio [grifos nossos].

Percebe-se que (**P1CB**), salienta-se que, inicialmente, não tinham ideia de como estruturar uma proposta curricular que permitisse visualizar os objetivos da escola quilombola, por isso, seguiam o padrão curricular comum a todas as escolas estaduais. Destaca também, a importância do papel da pedagoga, que é da comunidade quilombola, que pode auxiliá-los na compreensão sobre os objetivos da escola quilombola.

Na fala de (**P2CB**), que além de exercer atividades de ensino em sala de aula, também atua na coordenação pedagógica do Colégio Quilombola, encontram-se elementos bastante consistentes que sinalizam para a possibilidade de uma estrutura curricular que atenda às especificidades da educação escolar quilombola. Assim, na indagação sobre como é trabalhar na escola quilombola (**P2CB**) responde:

> [...] para mim trabalhar na escola Quilombola, primeiramente, é um **desafio enorme, um desafio enorme pela sociedade em que vivemos que é uma sociedade que ainda não tem essa aceitação do diferente** né, que não tem uma aceitação muito boa do diferente, e também um **prazer ao mesmo tempo por eu ser Quilombola e poder fazer esse trabalho diferenciado com a minha comunidade e diferencia das outras escolas convencionais,** porque nós trabalhamos diretamente com a questão das relações sociais**, todos os dias no dia a dia mesmo, intercalar as disciplinas, fazer acontecer as disciplinas, a matéria que os alunos tem de acordo com a sua vivência na comunidade, de acordo com que eles vivem no dia a dia, é ao contrário das outras escolas que trabalham por causa da Lei nº 10.639 e a Lei nº 11.645 que fazem um trabalho em cima das Leis, nós além de fazer um trabalho em cima das Leis, a gente já traz isso de berço né, essa questão social, essa diversidade** mais o PPP é regimento das escolas, são tudo com as mesmas normas das outras escolas, seguem os mesmos marcos conceituais, é fazemos o diferencial Quilombola na nossa educação [grifos nossos].

Diante da descrição de (**P2CB**), fica destacado que o trabalho no estabelecimento quilombola é um desafio, diante da dificuldade que a sociedade brasileira tem para reconhecer as diferenças. O Colégio é o lugar que acolhe a diversidade étnica e cultural, entretanto, utiliza mecanismos sutis para marcar e demarcar as diferenças com tintas que inferiorizam e relegam a posições subalternas aqueles que são considerados diferentes. Desse modo, é imprescindível que todos os profissionais que atuam em estabelecimentos de ensino quilombola estejam qualificados para reconhecer as diferenças étnicas e culturais sem hierarquizá-las, construindo uma prática de respeito ao próximo numa perspectiva e postura ética.

> Autores contemporâneos como Arruti (2001), Hall (2006), Lima (2004) Gomes (2004) Moura (2006), *et al* sempre nos remetem refletir que é necessário um avanço na construção de práticas pedagógicas que contemplem a diversidade étnico-racial, desde que a educação seja entendida como algo que vai além do seu aspecto institucional e compreendê-la dentro do processo de desenvolvimento humano. Isso nos ajuda a ultrapassar os muros da escola e ressignificar a prática pedagógica, a relação com o currículo, como o conhecimento e com a comunidade escolar. Percebe-se a necessidade de rever os valores com os quais percebemos e mediamos a relação com o outro, principalmente em relação aqueles que fazem parte dos grupos historicamente discriminados pela sociedade (NASCIMENTO, 2013, p. 2).

Os autores referidos apresentam suporte para aquilo que *(P2CB)* enfatiza, a importância do pertencimento à comunidade quilombola e destaca como diferencial da escola quilombola em relação às demais escolas, o trabalho desenvolvido nas disciplinas que consideram as vivências dos alunos quilombolas. Conforme ela, além de seguir a legislação para trabalhar com as temáticas de história e cultura afro-brasileira, africana e indígena busca realizar um trabalho que faz parte da sua constituição, enquanto ser humano e sujeito político/social.

Ao perguntar para **(P3CB)** como é trabalhar na escola quilombola, esta afirma,

> Trabalhar em uma escola Quilombola é trabalhar de acordo com os anseios educacionais da comunidade, tendo um comprometimento de todos os envolvidos no processo educativo.

Verifica-se no entendimento da professora que o trabalho escolar deve atender às demandas da comunidade quilombola, destacando o comprometimento e envolvimento de toda a comunidade escolar.

Sobre o que diferencia a escola quilombola em relação às demais escolas, mais vez identifica-se a ausência de elementos pedagógicos capazes de demonstrar que existe uma metodologia de trabalho que articula saberes tradicionais da comunidade com o currículo escolar.

> Aqui nosso diferencial que a gente procura então desse tempo para cá, desses últimos três anos é **realmente inserir a cultura afro brasileiro que tem sua fundamentação na, diretamente na cultura africana então isso que vem diferenciando, por quê?**-Porque a gente procura inserir no nosso dia a dia, nas nossas atividades, nas questões pedagógicas pro aluno, esse conhecimento, esse diferencial, pra ele saber o que é a comunidade Quilombola, pra ele saber qual o objetivo de ter uma escola Quilombola no bairro dele e pra ele entender a escola que ele frequenta, então esse é o diferencia, fazer com que o aluno tenha realmente, vai criando esse conhecimento e vá também fortalecendo esse conhecimento em **relação a cultura Quilombola a cultura afro brasileira e a cultura africana, então esse nosso objetivo tanto é que a gente procura inserir dentro do contexto da tática do dia a dia esses conteúdos que venham de acordo com cada disciplina é fazer parte do cotidiano dele,** pra que ele tenha conhecimento e esse conhecimento faça um significado no seu dia a dia (**P1CB**) [grifos nossos].

Observa-se segundo (**P1CB**), que o que se destaca como diferencial à inserção da história e cultura afro-brasileira, ou seja, ao currículo das escolas quilombolas é que não se apresenta uma proposta diferenciada de ensino, visto que, no cumprimento da Lei 10.639/2003 é obrigatoriedade para todos os estabelecimentos de ensino.

Sendo que para (**P3CB**), o que diferencia uma escola quilombola,

> [...] é que o dia 20 de novembro, o dia da consciência negra, é trabalhado o ano todo, não somente na semana do 20 de novembro, de maneira coletiva e interdisciplinar.

A professora destaca ainda, como diferencial da escola quilombola o 20 de novembro, mas adverte que essa data não deve ser trabalhada de maneira esporádica na escola, mas sim durante todo o desenvolvimento do ano letivo. No que tange a indagação sobre as ações pedagógicas planejadas na perspectiva de possibilitar a afirmação da identidade quilombola na escola, o (**P1CB**) diz o seguinte:

> Bom essas ações pedagógicas, elas ocorrem de uma forma assim bem tranquila, porque a gente procura fazer com que o aluno, se falando em afirmação Quilombola, se reconheça em quanto aluno lembrando que a gente tem no colégio nossos alunos que são Quilombolas que se conhecem, temos alunos que são Quilombolas que se conhecem um pouco não se assumem assim, entre eles mesmos a gente pode dizer assim que tem uns que são Quilombolas e se reconhecem se afirmam, e tem uns que não se aceitam digamos assim, então a gente procura fazer dentro da ação pedagógica fazer com que ele entenda essa questão, que ele faz parte dessa questão que ele faz parte desse processo, então essa ação pedagógica é fazer com que o aluno realmente comece conhecer e se aceitar em quanto Quilombola né, e para os alunos que são Quilombolas que eles têm esse conhecimento e que comece a compreender esses valores que a escola tenta colocar até porque são valores que durante muito tempo foi negado dentro da própria escola, porque a gente não falava em questões Quilombola, não falava se tanto em questões culturais, da literatura africana, da arte africana dentro das escolas eu mesmo passei meu ensino fundamental meu ensino médio e pouco se falava em cultura africana dentro da escola, então é isso que a gente tenta passar para eles hoje é dentro dessas ações pedagógicas, fazer com que ele tenha conhecimento e que ele saiba do que trata isso.

Nesse primeiro momento, a fala não demonstra nenhuma ação pedagógica que possibilite o reconhecimento e fortalecimento da identidade quilombola. O (**P1CB**) não deixa claro quais estratégias pedagógicas utiliza para trabalhar as questões de identidade, numa perspectiva que alcance os alunos que não se reconhecem como quilombolas.

O entrevistador retorna a mesma questão, buscando instigar o (**P1CB**), e obtém a seguinte resposta:

> Olha eu procuro trazer de várias formas metodológicas, é a gente **procura trabalhar com a parte literária, com a literatura, com os pensadores com é, recortes históricos, com imagens, com linguagem verbal, com linguagem não verbal, é com biografias, com os pensadores, com os pensadores que são descendentes né, e com algumas literaturas também direto da literatura africana mesmo, com as lendas, as lendas africanas, os contos e a gente procura organizar isso numa metodologia,** usando a metodologia que fique de uma fácil compreensão para eles, que eles possam né, sem muita dificuldade compreender né, esse conteúdo que está tendo, aonde vai servir para a vida dele em que momento ele pode aplicar isso no cotidiano dele, então a gente procura usar de várias formas estratégicas para aplicar esse conteúdo, a música, a dança, a arte, a visualização então a gente tenta fazer assim com que o conteúdo seja é bem próximo, **e quando não dá a gente faz até adaptações que o conteúdo que a gente aplica para ele tanto seja inserido dentro da cultura, tanto que seja inserido dentro do currículo escolar, que a gente faça essa conjuntura, consiga fazer com que ele tenha esse conteúdo básico e mais também com que ele tenha esse conhecimento cultural dentro de cada disciplina** então é isso que não só eu como os meus colegas procuram fazer em relação a aplicação desse conteúdo dessa ação pedagógica com os nossos alunos [grifos nossos].

Nessa segunda resposta (**P1CB**), cita os recursos didáticos utilizados para trabalhar com a temática quilombola, entretanto, a explanação é bastante confusa, pois, não faz referências claras de como se podem articular os saberes tradicionais da comunidade quilombola com os recursos didáticos utilizados.

Sobre as ações pedagógicas curriculares na perspectiva de possibilitar a formação da identidade Quilombola na escola quilombola, (**P2CB**) faz a seguinte declaração:

Eu começo planejando uma ação pedagógica, é projetos, eu como pedagoga planejo a parte **alguns projetos de resgate de identidade mesmo de fortalecimento de identidade afro, ai depois oriento os professores a planejarem suas aulas seus planos docentes, em cima disso**, primeiro projeto que nós fizemos na escola, é foi Intitulado Negro Como Nunca se Viu, esse projeto que nós realizamos, foi até a minha defesa de curso, a minha tese, eu trouxe para a escola e foi um projeto que deu certo, os professores abraçaram a causa, gostaram muito do projeto e colocamos em prática, o projeto Negro Como Nunca se Viu, **ele tem como objetivo uma pedagogia de elevação da autoestima, ao contrário da pedagogia da inferiorização de coisificação da pessoa negra né, então nós procuramos trabalhar o negro com uma visão diferente, com uma visão é a partir do povo Quilombola mesmo,** trazer o que o negro tem para contar da sua própria história, não deixamos de lado a história que toda a sociedade conhece não deixamos de lado, **a história da escravidão, mais procuramos também não se deter somente a isso como sempre foi, o negro é visto e lembrado lá no tempo da escravidão, no tempo de engenho então, nós trazemos o negro agora, o negro contemporâneo, o negro doutor, o negro compositor, escritores que nós temos muitos,** então a gente procura mostrar para as crianças isso, mirar-se no futuro de uma forma positiva, deixando de lado a inferiorização, a gente procura primeiro tira o complexo de inferiorização de todos os nossos alunos afros [grifos nossos]

Percebe-se na fala de (**P2CB**), o destaque para a questão do resgate da identidade negra, aliado ao seu fortalecimento. Importante destacar que há uma demonstração de como a ação pedagógica é planejada e posteriormente, desenvolvida junto ao grupo docente. É possível inferir que nessa escola quilombola há um maior engajamento e comprometimento em efetivar uma proposta curricular que alie saberes tradicionais quilombolas e conteúdo escolar.

O projeto elaborado por (**P2CB**), apresenta um objetivo claro, que sinaliza o rompimento com preconceitos naturalizados na nossa sociedade em relação à população negra. Salienta-se que muitos preconceitos com base na cor da pele das pessoas, ainda aparecem de maneira camuflada ou explícita em diversas instâncias sociais.

Em se tratando de quais as ações pedagógicas, curriculares são planejadas na perspectiva de possibilitar a afirmação da entidade Quilombola na escola, **(P3CB)** diz,

> Então são ações que valorizam o negro como pessoa de direitos e deveres, valorizando-o como indivíduo formador da identidade cultural brasileira, trabalhando de forma crítica e dinâmica, interligando teoria à prática e realidade através da Lei 10.369/03 que fala da história e cultura afro e também a gente trabalha a cultura dos povos indígenas que é a Lei 13.381/01, então ajudando é, o negro a conquistar o seu espaço na sociedade em que está inserido.

A professora destaca também ações pedagógicas que reconheçam a contribuição da cultura negra na formação da identidade nacional e desenvolvimento socioeconômico do país.

No que se refere às estratégias metodológicas, **(P2CB)** diz o seguinte:

> As nossas estratégias metodológicas para que o trabalho fique a contento para que aconteça mesmo uma, uma pedagogia diferenciada, para que aconteça uma educação escolar Quilombola é realmente, nós fazemos esse enlace comunidade X escola né, porque escola nenhuma acontece sem a sua comunidade, toda a escola tem que saber da realizada da sua comunidade, então os alunos, **os professores fazem um trabalho de campo, primeiramente os professores vão a campo sabe,** na primeira semana, nas semanas de planejamento os professores eles vão a campo, então vão conhecer a comunidade, vão conhecer os alunos, onde vivem e como vivem, da onde que esses alunos são oriundos, para que possam mesmo efetivar um trabalho é real e concreto em sala de aula depois, **os mais velhos, os líderes da nossa comunidade também vão até a escola fazer esse trabalho, esse trabalho histórico para consegui fazer com que perpetue mesmo a história Quilombola, fazem o trabalho de contação de história**

> com as crianças que a gente chama **Roda de Conversa**, eles fazem contação de histórias, histórias Quilombolas, de como que era aqui antes e agora o que a associação Quilombola faz como que viviam antes aqui, então eles fazem esse trabalho esse contato com os alunos direto e com os professores, porque **a primeira formação dos professores é, quem faz são os líderes da comunidade, os Quilombolas mais velhos mesmo, que são para nós os que detêm mais o saber esse saber do povo Quilombola** [grifos nossos].

O relato de (**P2CB**) sinaliza a possibilidade de reorganização do currículo escolar, uma vez que prioriza o diálogo entre escola e a comunidade quilombola, busca a contribuição efetiva dos sujeitos quilombos visando ao fornecimento de informações sobre o modo de vida, histórias e experiências compartilhadas pelo grupo.

Destaca-se a participação das lideranças quilombolas na escola. A eficácia dessa iniciativa depende também da instrumentalização teórica e metodológica dos professores para estabelecerem articulações entre os saberes tradicionais quilombolas e os saberes específicos de cada disciplina.

Importante é também a valorização dos quilombolas mais velhos, isto é, a ancestralidade, que está relacionada com a identidade e a memória individual e coletiva. Conforme Munanga (1996),

> A ancestralidade é praticamente o ponto de partida de todo processo de identidade do ser, para você criar sua identidade coletiva você tem que estabelecer um vínculo com a ancestralidade. Lá é sua existência como ser individual e coletivo. Então a ancestralidade para nós é muito importante (MUNANGA, 1996, p. 34).

Com a presença das lideranças quilombolas na escola, as crianças da comunidade vão aprendendo gradativamente que a cultura da qual fazem parte tem valor e pode dialogar com as demais culturas presentes nas salas de aulas, visto que, nessa escola nem todos os alunos são negros e/ou quilombolas. Dessa forma, a transmissão do conhecimento vivido pelos moradores mais antigos do quilombo tem, na organização espacial do quilombo, um fator importante para sua perpetuação. Na cultura africana tradicional, todos os elementos da vida estão interligados à religião, à política, à família, ao território e à moradia. Eles estão intrinsecamente relacionados, assim, a existência formal e estrutural está profundamente conectada com a estrutura dos demais itens da vida.

Ao indagar (**P3CB**), em relação às estratégias metodológicas que utiliza, este relata que,

> Através de debates, entrevistas com lideranças da comunidade, palestras com profissionais qualificados na área de educação, atividades que contemplem a participação da comunidade, como gincana, jogos, mostra de arte, procurando estratégias que elevem a autoestima e a alto afirmação de todos os alunos principalmente a dos nossos alunos negros.

Sendo assim, a tradição oral de transmissão do conhecimento, típica das sociedades africanas, só tem sentido com a proximidade do interlocutor, já que, para o africano, a comunicação deve ser viva, dinâmica, e essa energia viva não é transmitida por meio das letras (NASCIMENTO, 2002).

Sobre a importância da escola na comunidade, (**P1CB**) faz a seguinte explanação:

> Olha a escola é importante em todos os fatos e a escola **Quilombola é um diferencial para nós,** é porque hoje nós temos a nossa escola, é dentro de uma comunidade Quilombola né, e ela atende alunos que não são Quilombolas, mais a escola Quilombola ela não apenas carrega o nome, ela tem seu objetivo enquanto escola, e tem seu objetivo quanto a comunidade, porque a comunidade Quilombola compreendo eu que ela está inserida diretamente dentro da escola, então é a importância disso e a preocupação que eu vejo que a comunidade Quilombola teve, foi de realmente instruir seus alunos, seus filhos e toda a sociedade que

> está girando em torno da escola, em torno da comunidade porque nós temos a comunidade muito grande são mais de 100 famílias Quilombolas e mais um número expressivo de famílias que não são Quilombolas, então a gente tem é, essa visão assim, que essa escola Quilombola ela vem trazer isso, ela vem fazer é, eu não diria, como é que eu posso te colocar assim, **não é resgate, mais é trazer a tona, esse conteúdo, trazer essa cultura, isso que tava guardando em algum momento e agora vem se afirmando né, com essas ações com a comunidade, com o trabalho, com o desempenho, consegue a escola e a escola agora tá devolvendo para a própria comunidade essas ações.**

Percebe-se, mais uma vez, a ênfase na escola diferenciada, que considera que a estrutura curricular ainda não existe completamente. A escola quilombola tem objetivos específicos, entretanto, os professores ainda encontram muita dificuldade para visualizá-los e demonstrá-los nos seus planejamentos curriculares.

Importante ressaltar a concepção de (**P1CB**), que rompe a lógica do "resgatar", presente em quase todas as falas, incluindo das lideranças quilombolas. Sua fala pode ser interpretada a partir de um olhar que busca lançar luz ao conhecimento historicamente invisível quando não estereotipado. A escola quilombola tem o papel de reconhecer e visibilizar as manifestações culturais quilombolas estabelecendo conexões profícuas com o currículo escolar.

Sendo que, no tocante à importância da escola na comunidade quilombola, (**P2CB**), relata o seguinte:

> Bom eu como negra, como Quilombola considero muito importante, não porque nós queremos fazer como todo mundo acha, **que a gente que fazer uma educação diferenciada só para nós e tal**, nós seguimos as mesmas normas, mais é a nossa cultura que perpetua na escola, a nossa cultura que prevalece na escola, então eu acho muito importante porque eu também já frequentei a escola tem 4 anos agora, que está desde 2009 indo para o quinto ano de escola Quilombola, mais eu frequentei os bancos escolares convencionais é **onde a educação é eurocêntrica e**

> eletista, então eu mais do que ninguém como negra, como Quilombola considero muito importante para que a gente **possa mostrar realmente como que é a nossa história também, a parte positiva** da nossa história, da história negra não só na nossa sociedade mais no Brasil inteiro, porque a gente trabalha educação escolar Quilombola, quando se fala em educação Quilombola, a gente se remete aqui à comunidade, mais começamos o trabalho desde a África para poder entender [grifos nossos].

Mais uma vez a educação diferenciada é enfatizada, entretanto, os elementos pedagógicos que de fato evidenciariam tal diferença não são explicitados de maneira concatenada com os conteúdos disciplinares. É possível perceber em sua fala um esforço para trabalhar na escola com as questões históricas e culturais que compõem o quilombo, no entanto, ainda é muito frágil o vínculo com o conteúdo escolar.

Ainda, sobre a importância da escola na comunidade quilombola, (**P3CB**) relata que,

> Sim, porque numa escola Quilombola, vai acontecer o resgate da identidade cultural, nós não temos a língua mãe, devido a vários dialetos do povo africano que venho escravizado para o Brasil, diferente de outros povos como os indígenas né que tem a própria língua o que nos resta é evidenciar a cultura e a escola Quilombola será mais comprometida com as questões Quilombolas e vai trabalhar de acordo com a realidade dos alunos, procurando sempre em estar em contato com a comunidade Quilombola, a escola Quilombola destaca o papel da educação, para a garantia do respeito aos direitos, incluindo análise das causas e das consequências do racismo e do preconceito com muito mais ênfase do que nas outras escolas.

Quando o entrevistador indaga se conhece os anseios, representações, e perspectivas que a comunidade atribui a essa escola Quilombola, revela:

> Conheço, tanto que quando a escola se deu início à educação Quilombola, quando a essa foi, que nós começamos

com a escola, eu trabalhava numa escola privada, eu não trabalhava na comunidade eu saia da comunidade para trabalhar, é por falta de oportunidade mesmo, eu trabalhava como professora de educação infantil mais já formada em pedagogia e conheço muito porque a minha avó [...], **ela me pressionou demais para que eu viesse fazer um trabalho aqui como pedagoga da escola, para que a escola não tivesse somente o nome Escola Quilombola, mais de fato acontecesse mesmo a educação que a comunidade gostaria, acontece mesmo fosse posto em prática os anseios da comunidade né,** e como nós não estávamos conseguindo atingir isso com as pessoas de fora eu vim para a escola por ser Quilombola, por eu ser uma pessoa Quilombola eu vim para a escola para que a família tivesse mais contato com a escola também, então a partir disso a gente conseguiu trazer outros Quilombolas também que trabalham na escola agora, tentamos colocar em prática isso são as **expectativas da comunidade que, que o aluno negro o aluno Quilombola ele não seja somente, não veja só aqui, que ele possa expandir, possa quem sabe futuramente nós termos um Quilombola formado em direito, e enfermeiro, um doutor formado em medicina então esse é o anseio principal da comunidade, as pessoas acham que nós queremos que fique aqui no nosso mundinho fechado, mais a educação Quilombola é, além disso, é muito mais que isso né, nós mostramos para eles outras realidades,** temos alunos nossos que estudam na escola agrícola, temos alunos nossos que estão indo para o Instituto Federal do Paraná, então nós temos aqui o ensino médio, mais a gente mostra as outras oportunidades para os nossos alunos (**P2CB**) [grifos nossos].

A fala (**P2CB**) demonstra que há um empenho da liderança para que a neta assuma a vaga na escola como professora/pedagoga, partindo do entendimento que como quilombola ela teria condições de estabelecer um trabalho diferenciado na escola e que o mesmo traduzisse os anseios da comunidade.

Também (**P3CB**), afirma conhecer as representações e as expectativas que a comunidade atribui a escola, pois,

A comunidade espera que a escola trate os alunos como seres humanos e que através do resgate cultural, aconteça a conscientização de cada um para que os alunos negros sejam visíveis perante a sociedade e a eles mesmos, buscando condições de igualdade social, respeitando a ancestralidade, buscando um novo caminho para estar inserido na sociedade, cultivando a sua cultura.

Diante disso, fica evidenciado que, as expectativas da comunidade em relação à escola quilombola é a de que os alunos consigam optar por diferentes formações profissionais, contribuído no processo de construção de uma sociedade que reconheça que a cultura afro deve estar presente nos currículos escolares, considerando-se componente efetivo deste.

CONSIDERAÇÕES FINAIS

Considerando que o objeto de estudo consistiu na relação entre o modo de vida de duas Comunidades Quilombolas e o currículo escolar. A premissa ética e cultural é que os saberes e experiências históricas e socioculturais das comunidades quilombolas podem e devem contribuir de maneira significativa para uma reorganização curricular que possibilite aos alunos a expressão de sua identidade e a dos seus ancestrais.

As comunidades quilombolas escolhidas são Certificadas pela Fundação Cultural Palmares, sendo que a Comunidade Remanescente de Quilombo (CRQ) João Sura, situa-se no espaço rural e a CRQ Maria Adelaide Trindade Batista no espaço urbano. A opção por essas CRQs deve-se ao fato de que são as únicas no Paraná que possuem estabelecimento de ensino dentro de seus limites territoriais, denominados de escolas/colégios quilombolas.

Mediante os dados levantados, confirma-se que o currículo nas escolas quilombolas do Paraná ainda sufoca a voz dos sujeitos quilombolas, torna folclóricos seus saberes tradicionais e ignora a dinâmica social das comunidades quilombolas. Tal fato se torna mais evidente a partir da fala de alguns professores que participaram da pesquisa. Há que se considerar que os professores não podem ser apontados como os responsáveis por essa situação, pois os currículos ao longo da história ignoraram essa temática. Também é possível confirmar a inexistência de formação continuada adequada.

Como dito anteriormente, foi nas duas últimas décadas que as populações quilombolas trouxeram à tona essas questões tensas e polêmicas para serem resolvidas pela sociedade. Essas mesmas que estão atreladas à batalha pela garantia e permanência da vida em seus territórios ancestrais, o uso sustentável dos recursos naturais, pela manutenção e reconhecimento de suas memórias, história e culturas. Esta problemática demanda a construção de um currículo escolar que conheça e reconheça seu modo de vida, e contribua no sentido afirmativo da identidade e cultura quilombola. Pois, os currículos construídos nos gabinetes não são significativos para as diferenças apresentadas por estas comunidades.

A opção teórica sobre currículo filia-se à perspectiva crítica, guiada por questões de cunho sociológico, histórico, político e epistemológico. Tratou-se de investigar como os saberes quilombolas, suas histórias, culturas, em suma, como suas relações sociais de organização e produção compõem a organização do currículo escolar, não sem considerar o currículo como um "território em disputa" (ARROYO, 2011), como um artefato produzido pela humanidade, portanto, histórico, cultural e social (MOREIRA; SILVA, 2003; VASCONCELLOS, 2009).

A partir disso, a pesquisa buscou responder as indagações: de que maneira os saberes tradicionais quilombolas compõem o currículo escolar? Quais saberes são produzidos pelo currículo escolar sobre as populações negras e/ou quilombolas? Quais mecanismos dificultam/entravam/barram a entrada/incorporação dos saberes oriundos das várias dimensões da vida social, histórica, cultural das comunidades quilombolas?

Nesse contexto, esta pesquisa, ao investigar de que maneira a escola traduz as concepções de mundo das comunidades quilombolas para o currículo escolar, buscou mostrar a riqueza e diversidade dos saberes tradicionais das comunidades quilombolas e verificar como esses saberes são legitimados pelo currículo nestas escolas.

Os dados empíricos obtidos nesta pesquisa permitem defender a tese de que o currículo escolar nessas comunidades sufoca os saberes, quando não inviabiliza os saberes das comunidades quilombolas. No entanto, paradoxalmente, os dados também sinalizam possibilidades concretas nas comunidades quilombolas para construção de um currículo que contemple suas especificidades históricas, sociais e culturais. Os dados demonstram a necessidade de instrumentalizar os professores com ferramentas teóricas, metodológicas e pedagógicas para que possam alavancar um currículo no qual o saber construído e o saber vivido pela comunidade quilombola estejam contemplados.

A escola na comunidade, além de ser um espaço para aprendizado, é também um espaço que impulsiona o acesso a outros recursos públicos e melhorias na comunidade, como a manutenção das estradas, das pontes e do transporte e o bom funcionamento do posto de saúde.

Mediantes os dados apresentados, verificou-se a ausência de um investimento efetivo voltado para a formação inicial e continuada dos professores, o que implica diretamente na dificuldade dos docentes compreenderem os objetivos desta escola, bem como os significados da educação escolar quilombola. Tal fato pode ser exemplificado quando a maioria dos professores afirma que realiza um trabalho pedagógico diferenciado, todavia, não demonstra como o saber produzido historicamente e no cotidiano da comunidade quilombola pode estar vinculado ao desenvolvimento sustentável, à geração de renda, em suma, na perspectiva do etnodesenvolvimento, da revalorização da terra, da agua, da natureza, das energias humanas que não perderam os vínculos com a terra.

Constatou-se que há um empenho por parte de uma professora (quilombola) que também atua como pedagoga na escola, no alicerce de um currículo que corporifique os saberes que constituem a identidade da comunidade quilombola com os conteúdos curriculares. Por outro lado, verifica-se que apesar de seu esforço, ainda existe um longo caminho para construção de um currículo que contemple o modo de vida da comunidade, sem, no entanto, perder de vista o saber mais amplo requerido pela sociedade Conforme Soares (2010),

> É importante assinalar que o repensar e reelaborar o currículo escolar não significa abandonar os conteúdos que compõem as Diretrizes Curriculares Estaduais da Educação Básica, mas sim, entrecruzar esses conteúdos com os saberes cotidianos dos/as educandos/as, aproximar a escola de suas vidas, explicar e teorizar sobre sua

realidade e história para que eles/as possam questionar compreender e refletir sobre seu mundo (SOARES, 2010, p. 44).

As possibilidades para construção de um currículo escolar quilombola que reconheça as especificidades das comunidades quilombolas demanda investimento na formação inicial e continuada dos profissionais das escolas.

Os resultados obtidos indicam a possibilidade de afirmar que, o currículo das duas escolas quilombolas pesquisados sufoca a voz dos sujeitos quilombolas, torna folclóricos seus saberes tradicionais, e ainda ignora a dinâmica social destas comunidades.

REFERÊNCIAS

ALBUQUERQUE JR, Durval Muniz de. Um leque que respira: Michel Foucault e a questão do objeto em história. In: PORTO-CARRERO, Vera; CASTELO BRANCO, Guilherme (Org.). **Retratos de Foucault**. 1. ed. Rio de Janeiro: NAU, 2000.

ALMEIDA, Alfredo Wagner Berno de. Os Quilombos e as Novas Etnias. In: O'DWYER, Eliane Cantarino (Org.). **Quilombos**: Identidade étnica e territorialidade. Rio de Janeiro: Ed. FGV, 2002.

_____. **Terras de Quilombo, Terras Indígenas, "Babaçuais Livres", "Castanhais do Povo", Faxinais e Fundos de Pasto**: Terras Tradicionalmente Ocupadas. Manaus: PPGSCA-UFAM, 2006.

_____. Terras de preto, terras de santo, terras de índio: uso comum e conflito. In: CASTRO, Edna M. R.; HÉRBETTE, Jean (Orgs.). **Na Trilha dos grandes projetos**: modernização e conflito na Amazônia. Cadernos NAEA, n. 10, Belém: UFPA/NAEA, 1989.

_____. **Quilombos**: sematologia face as novas identidades. São Luís: Sociedade Maranhense de Direitos Humanos, 1991.

_____. Introdução; Quilombos: terra e problema. In: Projeto vida de negro. **Jamary dos pretos**: terra de mocambeiros. São Luís: SMDDH/CCN-PVN, 1998.

ALVAREZ, Pilar Sanchez. **Empoderamento.** Disponível em: <http://www.copoe.org/node/181>. Acesso em: 20/07/2014.

AMÂNCIO, Isis Maria da Costa; GOMES, Nilma Lino; JORGE, Mirian Lúcia dos Santos. **Literaturas Africanas e Afro-brasileira na Prática Pedagógica**. Belo Horizonte: Autêntica, 2008.

APPLE, Michael W. A política do conhecimento oficial: faz sentido a ideia de um currículo nacional? In: MOREIRA, Antonio Flávio; SILVA, Tomaz Tadeu. **Currículo, cultura e sociedade**. São Paulo: Cortez, 1995.

ARROYO, Miguel. **Imagens quebradas**. Rio de Janeiro: Vozes, 2005.

_____. **Currículo, Território em disputa**. Rio de Janeiro: Vozes, 2011.

ARRUTI, José Maurício. **Mocambo**: antropologia e história do processo de formação quilombola. Bauru: Edusc, 2005.

_____. **Uso Comum, regularização fundiária e mercado de terras**. Estudo de caso na comunidade Cangume (Vale do Ribeira-SP). Prêmio Territórios Quilombolas. 2. ed. Brasília: MDA. 2007.

BARLEU, Gaspar. **História dos feitos recentemente praticados durante oito anos no Brasil**. Belo Horizonte: Itatiaia; São Paulo, EdUSP, 1974.

BAUER, José de Araújo; RIBAS, Maria José Bauer (Org.). **Reminiscências, História de Palmas**. 2ª ed. Palmas: Kaygangue, 2002.

BAUMAN, Zygmunt. **Comunidade**: a busca por segurança no mundo atual. Rio de Janeiro: Zahar, 2003.

BENJAMIN, Walter. Sobre o conceito de história. In: BENJAMIM, Walter. **Magia e técnica, arte e política**. 7. ed. São Paulo: Brasiliense, 1994.

BOGDAN, Robert; BIKLEN, Sari. **Investigação Qualitativa em Educação**. Uma introdução à teoria e aos métodos. Porto Editora. Coleção Ciências da Educação. Porto: Portugal, 1994.

BOSI, Ecléa. **Memória e Sociedade**: lembranças de velhos. 12. ed. São Paulo: Companhia das Letras, 2004.

BHABHA, Homi K. **O local da cultura**. Belo Horizonte: Editora UFMG, 1998, 2013.

BRANDÃO, Carlos Rodrigues. **O que é educação**. São Paulo: Brasiliense, 2007. (Coleção Primeiros Passos).

BRUNI, José Carlos. Foucault: o silêncio dos sujeitos. In: SCAVONE, Lucila et al. (Org.). **O Legado de Foucault**. São Paulo: UNESP, 2006.

BURBULES, Nicholas. Uma gramática da diferença: algumas formas de repensar a diferença e a diversidade como tópicos educacionais. In: MOREIRA, Antonio Flavio; GARCIA, Regina Leite. **Currículo na contemporaneidade**: incertezas e desafios. São Paulo: Cortez, 2003.

CAMBUY, Andréia Oliveira Sancho. **Perfil alimentar da comunidade quilombola João Sura**: um estudo etnográfico. Projeto de Conclusão de Graduação em Nutrição, apresentado ao do Departamento de Nutrição do Setor de Ciências da Saúde da Universidade Federal do Paraná (2006).

CANCLINI, Néstor Garcia. **Culturas Híbridas**: Estratégias para entrar e sair da modernidade. 4. ed. São Paulo: Edusp, 2003, 2008.

CHIZZOTTI, Antonio. **Pesquisa Qualitativa em ciências humanas e sociais**. Petrópolis: Vozes, 2010.

CRUZ, Cassius. **Trajetórias, Lugares e Encruzilhadas na construção da política de Educação Escolar Quilombola no Paraná no início do III Milênio**. 2012. Dissertação (Mestrado em Educação) – Setor de Educação, Universidade Federal do Paraná. Curitiba. 2012.

COSTA, João Batista de Almeida. **A (des)invisibilidade dos Povos e das Comunidades Tradicionais**: A produção da identidade, do pertencimento e do modo de vida como estratégia para efetivação de direito coletivo. Montes Claros: Unimontes, 2009.

CUNHA, Maria Isabel da. A pesquisa qualitativa e a didática. In: OLIVEIRA, Maria Rita Neto Sales. **Didática**: ruptura, compromisso e pesquisa. 3. ed., São Paulo: Papirus, 2001.

CUNHA JUNIOR, Henrique. Quilombo: Patrimônio Histórico e Cultural. **Revista Espaço Acadêmico**, Universidade Federal do Ceará, ano Xl, n. 129, p. 158-167, 2012.

_____. **A população negra tinha formação profissional na abolição**. Temas para as aulas de história dos afrodescendentes. Fortaleza: Dezembro 2006. Texto disponibilizado no Curso de Especialização em História e Cultura Africana e Afrobrasileira Educação e Ações Afirmativas no Brasil, do IPAD Brasil – Instituto de Pesquisa da Afrodescendência e Universidade Tuiuti do Paraná, 2007 b.

DIEGUES, Antônio Carlos. **O mito moderno da natureza intocada**. São Paulo: Hucitec, Núcleo de Apoio à Pesquisa sobre Populações Humanas e Áreas Úmidas Brasileiras – USP, 2000.

DUSSEL, Inés. O currículo híbrido: domesticação ou pluralização das diferenças? In: LOPES, Alice R. C.; MACEDO, Elizabeth (Orgs.). **Currículo**: Debates Contemporâneos. São Paulo: Cortez, 2002.

EXECUTIVA Nacional da Marcha Zumbi. **Por uma política nacional de combate ao racismo e à desigualdade racial**: Marcha Zumbi contra o racismo, pela cidadania e vida. Brasília: Cultura Gráfica e Editora, 1996.

EZPELETA, Justa; ROCKWELL, Elsie. **Pesquisa participante**. São Paulo: Cortez, 1986.

FAJARDO, Elias. Hábitos alimentares indígenas. In: **Revista de ecologia e Desenvolvimento,** ano 2, n. 28. Rio de Janeiro: junho de 1993.

FERNANDES, Ricardo Cid. et al. (Org.). **Relatório Antropológico: Comunidade Quilombola João Sura** – Adrianópolis/ PR, 2007. Documento resultante do Convênio UFPR/INCRA com base no projeto Direito à Terra e Comunidades Quilombolas no Paraná: elaboração de estudos históricos e antropológicos. Curitiba. Relatório técnico, 2007.

FERNANDES, Florestan. **O Negro no Mundo dos Brancos**. São Paulo: Difel, 1972.

FIGUEIREDO, Luiz Afonso Vaz de. (2001.) Iporanga: dados & históricos. In: **Jornal O Progresso**, 27/01/2001, nº 01. São Paulo.

FREIRE, Paulo. **Pedagogia da Autonomia**. 7. ed. São Paulo: Paz e Terra, 1996.

_____. **Educação Como Prática da Liberdade**. 19. ed. Rio de Janeiro: Paz e Terra, 1997.

GEERTZ, Clifford. **A interpretação das culturas**. Rio de Janeiro. LTC 1989.

GIL, Antonio Carlos **Métodos e técnicas de pesquisa social**. São Paulo: Atlas, 2007.

GILROY, Paul. **Entre Campos**: nações, culturas e o fascínio da raça. Tradução de Celia Maria Marinho de Azevedo. São Paulo: Annablume, 2007.

GIROUX, Henry A. **Atos Impuros**: a prática política dos estudos culturais. Trad. Ronaldo Cataldo Costa. Porto Alegre: Artmed, 2003.

_____. O pós-modernismo e o discurso da crítica educacional. In: SILVA, Tomaz Tadeu (Org.). **Teoria educacional crítica em tempos pós-modernos**. Porto Alegre: Artes Médicas, 1993.

GOODSON, Ivor F. **Currículo**: teoria e história. 2. ed., Petrópolis, RJ: Vozes, 1998.

GOMES, Nilma Lino. Uma dupla inseparável: cabelo e cor da pele. In: BARBOSA, Lucia Maria de Assunção. (Org.) **De preto a afro-descendente**. São Carlos, Edufscar, 2003.

GOMES, Flávio dos Santos. Sonhando com a Terra e Construindo a Cidadania. In: PINSKY, Jaime; PINSKY, Carla Bassanezi (Org.). **História da Cidadania**. São Paulo: Ed. Contexto, 2005.

_____. **Histórias de quilombolas**: mocambos e comunidades de senzalas no Rio de Janeiro, século XIX. Rio de Janeiro: Companhia das Letras, 2006.

HALL, Stuart. **Da diáspora**: Identidades e mediações culturais. Belo Horizonte: Editora UFMG, 2003.

_____. O trabalho de representação. In: HALL, Stuart (Org.). **Representação**: representações culturais e práticas significantes. London: Sage, 1997.

_____. **Identidades culturais na pós-modernidade**. Rio de Janeiro: DP&A, 2001.

_____. Centralidade da cultura: notas sobre as revoluções do nosso tempo. **Revista Educação e Realidade**. Porto Alegre, v. 22, n. 2, p. 15-44, 1997.

_____. Quem precisa de Identidade? In: SILVA, Tomaz Tadeu. (Org.). **Identidade e Diferença**: a perspectiva dos estudos culturais. Rio de Janeiro: Vozes, 2004.

HANDELMANN, Heinrich. **História do Brasil**. 4. ed. Belo Horizonte: Edusp, 1982.

HASENBALG, Carlos. **Discriminação e Desigualdades Raciais no Brasil**. 2. ed. Belo Horizonte: Editora UFMG; Rio de Janeiro: IUPERJ, 2005.

JURGENSON, Juan Luis Álvarez-Gayou. **Cómo hacer investigación cualitativa, fundamentos y metodología**. México: Paidós, 2003.

LARA, Silvia. Do singular ao plural: Palmares, capitães-do--mato e o governo dos escravos. In: REIS, João José; GOMES, Flavio dos Santos (Orgs.). **Liberdade por um fio**: história dos quilombos no Brasil. São Paulo: Companhia das Letras, 1996.

LEITE, Ilka Boaventura. **Os quilombos no Brasil**: Questões conceituais e normativas. Publicado no sítio eletrônico do Núcleo de Estudos sobre Identidade e Relações Interétnicas — 2000, NUER/UFSC. Disponível no endereço <http://www.nuer.ufsc.br/artigos/osquilombos.htm>. Acesso em: 17 out. 2013.

_____. **O Legado do testamento**: A Comunidade de Casca em Perícia. 2. ed. Porto Alegre: Editora da UFRGS; Florianópolis: NUER/UFSC, 2004.

LÉSARD-HÉBERT et al. **Investigação qualitativa**: fundamentos e práticas. Lisboa: Instituto Piaget, 1999.

LOPES, Alice. R. C. Políticas curriculares: continuidade ou mudança de rumos? **Revista Brasileira de Educação**, Rio de Janeiro, n. 26, p. 109-118, maio/jun./jul./ago., 2004.

LOPES, Alice R. C.; MACEDO, Elizabeth. O pensamento curricular no Brasil. In: LOPES, Alice R. C.; MACEDO, Elizabeth (Orgs.). **Currículo**: Debates Contemporâneos. São Paulo: Cortez, 2002.

LOVELL, Peggy A. (Org.). **Desigualdade Racial no Brasil Contemporâneo**. Belo Horizonte: UFMG//CEDEPLAR, 1991.

LUDCKE, M.; ANDRÉ, M. **Pesquisa em Educação**: abordagens qualitativas. São Paulo: EPU, 1986.

MACEDO, Elizabeth. Currículo como espaço-tempo de fronteira cultural. **Revista Brasileira de Educação**. v. 11 n. 32 maio/ago. 2006a. Disponível em: <http://www.scielo.br/pdf/rbedu/v11n32/a07v11n32.pdf>. Acesso em: 05 out. 2014.

_____. Currículo: política, cultura e poder. **Currículo sem fronteiras**, v. 6, n. 2, p. 98-113, jul./dez. 2006a. Disponível em: <http://www.curriculosemfronteiras.org/vol6iss2articles/macedo.htm>. Acesso em: 10 jun. 2013.

MACHADO, Vanda. Projeto Irê Ayô. In: BOAVENTURA, Edivaldo M.; SILVA, Ana Célia da. (Orgs.). **O terreiro, a quadra e a roda**: formas alternativas de educação da criança negra em salvador. Salvador: Editora UNEB, 2014. p. 109-120.

MALHEIRO, Agostinho Perdigão. **A Escravidão no Brasil** – Ensaio Histórico, Jurídico, Social, Parte I, introdução de Édson Carneiro, 3. ed. vol. I, Petrópolis: Vozes, 1976.

MARTINS, Josemar, Anotações em torno do conceito de Educação para Convivência com o Semi-Árido. In: Secretaria Executiva da RESAB. **Educação para a convivência com o Semi-Árido Brasileiro**: reflexões teórico-práticas. Bahia: Juazeiro: Selo Editorial RESAB, 2004.

MARTINS, José de Souza. **A Sociabilidade do Homem Simples**. São Paulo, Hucitec, 2000.

MCLAREN, Peter. **Multiculturalismo revolucionário**: Pedagogia do dissenso para o novo milênio. Porto Alegre: ARTMED, 2000.

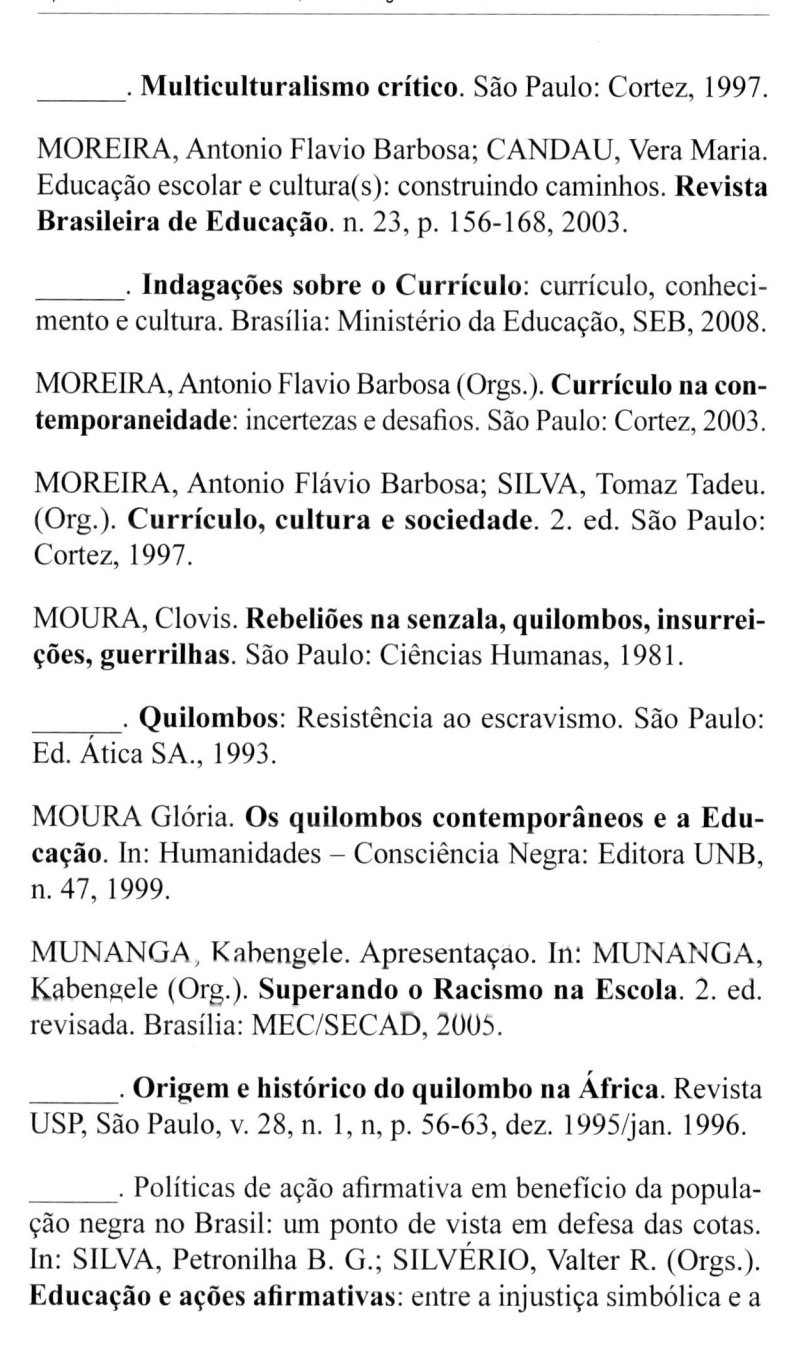

_____. **Multiculturalismo crítico**. São Paulo: Cortez, 1997.

MOREIRA, Antonio Flavio Barbosa; CANDAU, Vera Maria. Educação escolar e cultura(s): construindo caminhos. **Revista Brasileira de Educação**. n. 23, p. 156-168, 2003.

_____. **Indagações sobre o Currículo**: currículo, conhecimento e cultura. Brasília: Ministério da Educação, SEB, 2008.

MOREIRA, Antonio Flavio Barbosa (Orgs.). **Currículo na contemporaneidade**: incertezas e desafios. São Paulo: Cortez, 2003.

MOREIRA, Antonio Flávio Barbosa; SILVA, Tomaz Tadeu. (Org.). **Currículo, cultura e sociedade**. 2. ed. São Paulo: Cortez, 1997.

MOURA, Clovis. **Rebeliões na senzala, quilombos, insurreições, guerrilhas**. São Paulo: Ciências Humanas, 1981.

_____. **Quilombos**: Resistência ao escravismo. São Paulo: Ed. Ática SA., 1993.

MOURA Glória. **Os quilombos contemporâneos e a Educação**. In: Humanidades – Consciência Negra: Editora UNB, n. 47, 1999.

MUNANGA, Kabengele. Apresentaçao. In: MUNANGA, Kabengele (Org.). **Superando o Racismo na Escola**. 2. ed. revisada. Brasília: MEC/SECAD, 2005.

_____. **Origem e histórico do quilombo na África**. Revista USP, São Paulo, v. 28, n. 1, n, p. 56-63, dez. 1995/jan. 1996.

_____. Políticas de ação afirmativa em benefício da população negra no Brasil: um ponto de vista em defesa das cotas. In: SILVA, Petronilha B. G.; SILVÉRIO, Valter R. (Orgs.). **Educação e ações afirmativas**: entre a injustiça simbólica e a injustiça econômica. Brasília: Instituto Nacional de Estudos e Pesquisas Educacionais Anísio Teixeira, 2003b.

MUNANGA, Kabengele; GOMES, Nilma Lino. **Para entender o negro no Brasil de hoje**: história, realidades, problemas e caminhos. São Paulo: Global, 2006.

_____. **O Negro no Brasil de Hoje**. São Paulo: Global, 2006.

_____. Identdade, Cidadania e Democracia. Algumas reflexões sobre os discursos anti-racistas no Brasil. In: **RESGATE Revista de Cultura**. n. 6, Campinas: Centro de Memória da Universidade de Campinas. Dezembro de 1996.

MUNANGA, Kabengele. Origem e histórico do Quilombo na África. **Revista USP**. n. 28, p. 56-63. São Paulo. 1996. Disponível em: <http://www.usp.br/revistausp/28/04-kabe.pdf>. Acesso em: 28 out. 2014.

NASCIMENTO. Abdias do. **Quilombismo**: documentos da militância pan-americana. Petrópolis: Vozes, 1980.

_____. O Quilombismo: Uma alternativa política afro-brasileira. In: NASCIMENTO, Elisa Larkin. (Org.). **Sankofa**: resgate da cultura afro-brasileira. Rio de Janeiro: Seafro, 1994.

NASCIMENTO, Ana Cristina do. **Da escola no Quilombo à escola do Quilombo**: a identidade quilombola na Escola Municipal Etelvina Amália de Siqueira Alves (Amparo de São Francisco- Dissertação (Mestrado em Educação). – Universidade Tiradentes, 2013. – Aracaju, 2013.

NASCIMENTO, Beatriz do. O conceito de quilombo e a resistência cultural afro-brasileira. In: NASCIMENTO, Elisa Larkin (Org.). **Sankofa**: resgate da cultura afro-brasileira. Rio de Janeiro: Seafro, 1994.

NEYT, François; VANDERHAEGHE, Catherine. A arte das cortes da África negra no Brasil. In: **Mostra do redescobrimento**: arte afro-brasileira. Associação 500 anos Brasil artes visuais. São Paulo: Fundação Bienal de São Paulo. p. 34-97, 2000.

O'DWYER, Eliane Cantarino. (Org.). **Terra de quilombos**. Rio de Janeiro: Boletim da Associação Brasileira de Antropológica. 1995.

_____. Os quilombos e a prática profissional dos antropólogos. In: O'DWYER, Eliane Cantarino. (Org.). **Quilombos**: identidade étnica e territorialidade. Rio de Janeiro: FGV, 2002.

_____. **Quilombos**: os caminhos do reconhecimento em uma perspectiva contrastiva entre o direito e a antropologia. Fronteiras, Dourados-MS, v. 11, n. 19. 2009.

PINAR, William. **I am a man**: the queer politics of race. Cultural studies – critical methodologies, v. 2, n. 1, p. 113-130, 2002.

PITA, Sebastião da Rocha. **História da América Portuguesa. Belo Horizonte**: Itatiaia; São Paulo: EdiUSP, 1976.

PFAFF, Nicolle. Etnografia em contextos escolares: pressupostos gerais e experiências interculturais no Brasil e na Alemanha. In: WELLER, Wivian; PFAFF, Nicole (Org.). **Metodologia da Pesquisa Qualitativa em Educação**: Teoria e Prática. Petrópolis: Vozes, 2010.

PRATT, Mary Louise. **Os Olhos do Império**: Relatos de Viagens e Transcultura. Tradução Jézio Hernani Gutierre: Edusc, 1999.

PRAXEDES, Walter Lúcio de Alencar. A questão da educação para a diversidade sócio-cultural e o etnocentrismo. In: ASSIS, Valéria Soares de (Org.). **Introdução à antropologia**. Formação de Professores, EAD, n. 7. Maringá: UEM, p. 103-125, 2005.

RAMOS, Arthur. **Aculturação negra no Brasil**. São Paulo: Cia Ed. Nacional, 1942.

REIS, João J.; Gomes, Flávio S. **Liberdade por um fio**: história dos quilombos no Brasil. São Paulo: Companhia das Letras, 1996.

REVEL, Jacques; ANASTÁCIO, Vanda. **A Invenção da Sociedade**. Difusão Lisboa: Editoral Ltda, 1989 (1998).

RICHARDSON, Roberto J. **Pesquisa social: métodos e técnicas**. 3. ed. São Paulo: Atlas, 1999.

SACRISTÁN, J. GIMENO. **Currículo**: uma reflexão sobre a prática. Porto Alegre: ArtMed. 1998.

_____. **O currículo uma reflexão sobre a prática**. Porto Alegre: Artmed, 2000.

_____. **Poderes instáveis em educação**. Tradução de Beatriz Affonso Neves. Porto Alegre: Artmed, 1999.

SAHLINS, Marshal. **Ilhas de história**. Rio de Janeiro: Jorge Zahar, 1990.

SALLES, Vicente. **Vocabulário Crioulo**: contribuição do negro ao falar regional amazônico. Programa Raízes. Belém: IAP, 2003.

SANTOMÉ, Jurjo Torres. Os conteúdos culturais, a diversidade cultural e a função das instituições escolares. In: SANTOMÉ, Jurjo Torres. **Globalização e interdisciplinaridade**: o currículo integrado. Porto Alegre: Artmed, 1998.

_____. **Globalização e interdisciplinaridade** – o currículo Integrado. Porto Alegre: Artmed, 1998.

_____. As culturas silenciadas no currículo. In: SILVA, Tomaz Tadeu. (Org.). **Alienígenas na sala de aula**: uma introdução aos estudos culturais em educação. Petrópolis: Vozes, 1995.

SANTOS, Boaventura de Souza. **Reconhecer para libertar**: os caminhos do cosmopolitanismo multicultural. Rio de Janeiro: Civilização Brasileira, 2003.

_____. Por uma pedagogia do conflito. In: SILVA, Luiz Heron (Org.). **Novos mapas culturais, novas perspectivas educacionais**. Porto Alegre: Sulina, 1996.

SANTOS, Gevanilda Gomes. A cultura política da negação do racismo institucional. In: SANTOS, Gevanilda Gomes; SILVA, Maria Palmira da (Orgs.). **Racismo no Brasil**: percepções da discriminação e do preconceito racial no século XXI. São Paulo: Editora Perseu Abramo, 2005.

SANTOS, Milton. **O espaço do cidadão**. São Paulo: Nobel, 1993.

_____. Cidadanias mutiladas. In: LERNER, Julio. **O preconceito**. São Paulo: IMESP, 1996/1997.

SANTOS, Sales Augusto. A Lei n° 10.639/2003 como fruto da luta anti-racista do movimento negro. In: MUNANGA, Kabengele. (Org.). **Educação Anti-Racista**: Caminhos abertos pela Lei Federal n° 10.639/2003. Brasília: MEC/SECAD, p. 21-38, 2005

SAVIANI, Demerval. **Educação**: do senso comum à consciência filosófica. 8. ed. São Paulo: Cortez, 1994.

SEVERINO, Antonio Joaquim. **Metodologia do trabalho científico**. São Paulo: Cortez, 2000.

SODRÉ, Muniz. Cultura, diversidade cultural e educação. Entrevista com o professor Muniz Sodré. In: TRINDADE, Azoilda Loretto da; SANTOS, Rafael dos. (Orgs.). **Multiculturalismo** mil e uma faces da escola. Coleção: o sentido da escola. 2ª ed. Rio de Janeiro: DP&A editora, 2000.

SILVA, Tomaz Tadeu da. **Identidades terminais**: as transformações na política da pedagogia e na pedagogia da política. Petrópolis: Vozes, 1996.

SCHÄFFER, Margareth. **Psicanálise, subjetividade e enunciação**. 24ª Reunião Anual da ANPEd, 2002. Disponível em: <http://www.anped.org.br>. Acesso em: 09 out. 2014.

SCHMITT, Alessandra; TURATTI, Maria Cecília Manzoli; CARVALHO, Maria Celina Pereira de. New concept for quilombo: identity andterritory within theoretical definitions. **Ambient. soc**. Jan./June 2002, n. 10 Disponível em: <http://www.scielo.br/scielo.php?script=sci>. Acesso em: 10 out. 2011.

SOARES, Edimara Gonçalves. **Educação Escolar Quilombola**: quando a diferença é indiferente. 2012 Tese. (Doutorado em Educação) – Setor de Educação, Universidade Federal do Paraná. Curitiba. 2012.

STRECK, Danilo Romeu. Encobrimento e emergências pedagógicas na América Latina. **Revista Brasileira de Educação**, Campinas, v. 26, p. 58-68, 2005.

_____. A Educação Popular e a reconstrução do público: há fogo sobre as brasas? **Revista Brasileira de Educação**, Campinas, v. 11, n. 32, p. 272-284, 2006.

STUCCHI, Deborah (cood.). **Laudo Antropológico – Comunidades Negras de Ivaporunduva**, São Pedro, Pedro Cubas, Sapatu, Nhunguara, André Lopes, Maria Rosa e Pilões – Vale do Ribeira de Iguape SP. In Negros do Ribeira: reconhecimento étnico e conquista do território. Cadernos do ITESP nº 3, São Paulo, Pagina & Letras Editora Gráfica, 1998.

SOBRE O LIVRO
Tiragem: 1000
Formato: 14 × 21 cm
Mancha: 10 × 17 cm
Tipografia: Times New Roman 10,5 | 12 | 16 | 18 pt
Arial 7,5 | 8 | 9 pt
Papel: Pólen 80 g/m² (miolo)
Royal Supremo 250 g/m² (capa)